당신의 직관이 길을 안내한다

| 일러두기 |

저자 에릭 존 캠벨의 저작권 이용 허가를 받아 저자가 웹사이트에 제공하는 영적 통찰과 명상 가이드를 부록으로 제작하였다.

Your Unique Path to Wealth © 2024 Eric John Campbell

Original English language edition published by Grounded Grove Publishing, California, USA.
Arranged via Licensor's Agency: DropCap Inc. through ALICE Agency, Seoul.
All rights reserved.
Korean translation copyright © 2025 by SEOSAMDOK

이 책의 한국어판 저작권은 앨리스에이전시를 통한 저작권사와의 독점 계약으로 (주)서삼독에 있습니다. 저작권법에 의해 한국 내에서 보호를 받는 저작물이므로 무단전재와 복제를 금합니다.

당신의 직관이 길을 안내한다

부와 기쁨, 목적이 흘러넘치는 삶으로

에릭 존 캠벨 지음 | 최수지 옮김

서三삼독

It's time to let go of old stories and doubts that
say you don't deserve a happy life.

❖

이제는 당신이 행복할 자격이 없다고 말하는
오래된 이야기와 의심을 놓아줄 때다.

작가의 말

필요한 모든 것을
세상으로부터 받는 방법

세상에서 가장 아름다운 것 중 하나는 흐르는 강물입니다. 넓은 풍광을 가로지르며 부드럽게 흐르는 강물은 자신의 고유한 정체성을 잃지 않고 주변 경관을 감상하죠. 세상의 자극을 관찰할 때는 항상 당신 본연의 모습을 기억하세요. 당신의 본질은 세상을 위한 선물이며, 당신의 에너지는 자아가 완전히 인식하지 못하는 생태계를 풍요롭게 한다는 것을요.

당신은 결코 당신이 아닌 다른 사람이 될 필요가 없습니다. 강이 사과 열매를 맺는 나무가 아니라는 것을 아는 것처럼, 자신이 누구인지 아는 것이 행복의 비결입니다. 자연으로 돌아가는 것이 우리의 마음에 위안이 되는 이유는 자연이 진정성과 존재로 가득 차 있기 때문이죠. 자연의 모든 생명체는 자신이 누구인지, 어떻게 공동체에 봉사할지, 그리고 죄책감 없이 어떻게 사랑을 받을지 알고 있으니까요.

당신의 에너지는 다른 모든 생명처럼 성장하기 위한 자양분을 필요로 합니다. 그리고 세상이 주는 선물에는 언제나 기대하는 바가 없습니다. 진실한 것은 언제나 조건 없이 주어지는 법이죠. 만약 당신이 스스로를 가치 없게 느껴 삶의 자양분을 받아들이지 않으면, 당신의 번영을 필요로 하는 더 넓은 생태계를 해치게 된다는 것을 기억하세요.

당신의 진정한 행복은 세상에 주는 선물입니다. 강이 흐르는 것은 자기 자신이 아니라 세상을 위한 가장 이타적인 행동인 것처럼요. 당신의 필요가 건강한 방식으로 충족될 때, 당신은 모든 생명에게 더 나은 세상을 만들어줄 것입니다.

당신만의 특별한 선물을 숨기고 삶에 무관심해지고 무기력해지는 일들을 하면, 그 누구도 이로움을 얻지 못합니다. 행복을 위해 자기희생은 결코 필요하지 않습니다. 당신의 자아가 희생이야말로 다른 사람을 사랑하는 가장 좋은 방법이라고 이야기할지라도요. 진정한 사랑은 받는 이에게도 주는 이에게도 자양분을 공급하기 때문에 조건 없이 주어지는 법입니다.

사랑, 돈, 칭찬을 받아들이는 것은 균형 잡힌 삶의 일부입니다. 당신은 풍요로워지기 위해 필요한 모든 자양분으로 가득 찬 삶을 누릴 자격이 있습니다. 마음은 항상 모든 형태의 자양분이 가득한 사랑을 갈망합니다.

　마음의 삶을 살아갈 때, 당신은 결코 탐욕스럽거나 이기적일까 두려워할 필요가 없습니다. 왜냐하면 당신의 마음은 당신이 속한 더 큰 생태계에 긍정적인 것만을 원하기 때문입니다.

　자아가 일시적으로 겪는 환상과 상관없이, 당신이 전체에서 떨어져서 존재하는 상태는 불가능합니다. 모든 것은 하나이며, 이는 당신의 삶이 다른 모든 생명체와 서로 영향을 주고받음을 의미합니다.

　다른 사람에게 긍정적인 영향을 주는 방법으로 세상에 기여하려면, 먼저 당신 자신을 사랑해야 합니다. 이 세상은 죄책감과 수치심으로는 치유될 수 없습니다. 진정한 치유는 당신이 자신을 사랑하는 것에서 시작되며, 자신이 더 큰 무엇의 필수적인 부분임을 인식할 때 이루어집니다.

꿈꾸는 삶을 향해 나아가기 위해 반드시 해야 할 일은 없습니다. 모든 것을 통제하려는 집착을 내려놓으면, 영감 있는 행동이 스스로 흘러나옵니다. 저는 최근 들어 마음이 이끌 때 모든 일이 효과를 발휘한다는 것을 더 깊이 체험하고 있습니다. 모든 것을 사유로 해결할 필요가 없음을 깨달으니 얼마나 큰 안도감이 오는지 모릅니다. 진정한 지혜는 빈 마음과 열린 가슴의 조화에서 온다고 믿어요.

더 깊이 내려놓을수록, 글을 더 많은 사람과 나누고자 하는 동기도 더욱 강해지고 있습니다. 이제껏 생산적인 활동이 이렇게 즐거웠던 적은 없었습니다. 내가 세상에서 가장 좋아하는 느낌 중 하나가 바로 추진력이라는 것을 실감하고 있어요. 내가 움직일수록 내 안의 에너지도 움직이고 싶어 하며, 가슴에서 우러나오는 모든 행동이 의미로 가득 차고 있습니다.

독자들도 이 책을 읽으며 같은 느낌을 얻기를 바랍니다.

에릭 존 캠벨

차례

PART I
당신만의 여정을 준비하라

1   자신을 사랑하는 것이 곧 부의 열쇠다 16
2   당신의 직관이 길을 안내할 것이다 32

PART II
당신의 길을 걸어라

3   돈은 고양이처럼 다가온다 52
4   자아의 욕망이 아닌, 마음의 욕망을 추구하라 60
5   당신은 풍요롭게 태어난 존재다 68
6   돈은 연료다 76
7   당신 삶의 감독이 되어라 84

8 지금 사랑하는 일을 하라   92

9 건강하지 못한 관계는 놓아라   104

10 이 세상에 온전히 뿌리를 내려라   112

11 당신은 아름다운 인생을 누릴 자격이 있다   120

PART III

열매를 수확하라

12 신성한 상처 치유하기   128

13 당신만의 고유한 재능을 온전히 표현하라   140

직관의 길을 걷기 위해 지금 바로 실천하면 좋을
실전 명상 가이드   148

PART I

당신만의 여정을 준비하라

1

자신을 사랑하는 것이
곧 부의 열쇠다

당신의 삶에 더 많은 부를 끌어들이기 위해 반드시 알아야 할 중요한 사실은 돈이 곧 에너지라는 것이다. 당신이 가진 부의 크기는 당신의 에너지를 반영한다. 외부에서 무언가를 억지로 만들려고 해서는 부를 이룰 수 없다. 당신의 행동은 돈이 계좌로 들어오도록 하는 다리가 될 테지만, 이 행동들이 단지 다리에 불과하다는 것을 이해해야 한다.

　에너지의 관점에서 볼 때, 원하는 돈을 얻기 위해서는 먼저 스스로가 풍요의 에너지를 끌어당기는 자석이 되어야 한다. 당신이 이 에너지와 조화롭게 맞아떨어지고, 자석처럼 끌어당길 준비가 되어 있다면, 다리를 구축한 뒤에는 마음이 원하는 모든 돈을 끌어들일 수 있을 것이다. 다리를 세우기 전에, 먼저 자신 안에 풍요의 에너지를 불러오고 실현하는 방법을 알아야 한다.

다리를 놓는 일이 무엇인지는 사람마다 다르지만, 당신이 직관적으로 할 수 있는 쉬운 일이다.

많은 사람이 반대의 접근 방식을 취한다. 성공한 사람들이 휘황한 다리를 세워 부를 끌어들이는 모습을 보고, 자신도 비슷한 다리를 세우려 하지만 실패한다. 다리에 현혹되지 말라. 눈에 보이는 다리가 있다고 해서 그것이 당신에게도 풍요의 근원이 되지는 않는다. 대신 자기 자신이 부를 끌어들이는 에너지를 가지는 것에 집중해야 한다. 마음으로 꿈꾸던 삶에 필요한 모든 돈을 끌어들이는 에너지는 자기 사랑의 주파수에 있다. 진정으로 자신을 사랑할 때 당신은 직관을 믿을 수 있게 되고 부

When you genuinely yourself,
you have faith in your intuition
as it guides you on your unique
path toward a wealthy life.

진정으로 자신을 사랑할 때
당신은 직관을 믿을 수 있게 되고
부유한 삶을 향한 독특한 길로 안내받는다.

유한 삶을 향한 독특한 길로 안내받는다.

자신을 사랑하는 것이 도전적인 일은 아니다. 자기 사랑은 자연스러운 상태이며 쉽게 구현할 수 있다. 어려운 부분은 방해가 되는 모든 것을 내려놓는 것이다. 방해가 되는 모든 것을 놓아버리면, 자기 사랑이 숨 쉬는 것만큼 자연스럽게 이루어진다는 사실을 발견할 것이다. 많은 사람이 당신에게 원하는 부를 시각화하고 긍정적인 만트라로 이를 확언하라고 조언할 것이다. 이러한 조언은 애정에서 비롯된 것이겠지만, 당신에게는 효과적이지 않을 수 있다. 행복해지기 위해 더 많은 돈이 필요하다고 스스로에게 계속 말하다 보면 지금 당장은 좋은 기분을 느낄 자격이 없다고 믿게 만드는 패턴을 강화할 수 있다.

모든 것을 내려놓으면 자기 사랑은 저절로 찾아온다. 만약 자꾸만 어떤 노력과 규율을 사용해야만 그 상태가 유지된다면, 그것은 진정한 자기 사랑의 상태가 아니다. 예를 들어 자기 사랑에 도움이 된다고 해서 매일 아침 스스로를 격려하는 확언을 반복할 필요는 없다. 만약 지금 자기 사랑을 즐기지 못하면서 노력만 하고 있다면, 멈춰야 한다. 모두가 좋다고 말한다고 해서 즐겁지 않은 일을 억지로 할 필요는 없다. 자기 사랑의 자연스러운 상태를 경험하는 데는 지속적인 노력과 규율이 필요하지 않다.

자기 사랑은 자연스럽게 오는 것이다. 억지로 만들어내거나 없는 감정을 가장할 수 없다. 진정한 자기 사랑을 경험하면, 더 많은 사랑이 세상에 스며든다. 자기 사랑은 부유한 삶의 토대를 구축하는 데 필수적이다. 이는 마음의 소망을 이루는 데 필요한 모든 재산을 포함한다. 소망이 아무리 고귀하거나 이타적일지라도, 삶에 돈이 자유롭게 흘러들어 오게 하려면 진정으로 자신을 사랑해야 한다.

많은 사람이 자기 사랑을 체화하기 어려워한다. 만약 당신이 이런 기분을 느낀다면, 자신이 사랑받을 자격이 없다는 이야기를 스스로에게 반복했기 때문이다. 당신은 신의 아이로 태어났고, 모든 것을 사랑할 능력을 가지고 있다. 신의 무한한 사랑은 항상 당신의 가슴을 가로질러 흐르고 있으며, 이를 어디에나 집중시킬 수 있다. 대부분의 사람에게는 자녀나 반려동물을 사랑하는 일이 가장 쉽지만, 그 외의 유명인, 영적 스승, 특정 장소 등 상상할 수 있는 어떤 것에도 사랑을 집중할 수 있다.

사랑을 집중할 대상 중 가장 중요한 것은 바로 자기 자신이다. 자신을 사랑하지 않는 삶은 고통스럽다. 왜냐하면 누구도 당신에게 자기 사랑을 줄 수 없기 때문이다. 다른 사람들이 당신을 사랑해줄 수는 있지만, 당신이 자신을 사랑하지 않으면 그들의 사랑을 '느끼기' 어렵다. 각자의 마음속에는 신의 무한한 사랑이 존재한다. 다른 이들에게 있는 사랑은 당신에게 존재하는 사랑과 동일하다.

자신을 사랑하는 데 어려움을 겪고 있다고 해서 오래된 치료나 자기계발서, 자연에서의 시간을 통해 이를 해결할 필요는 없다. 자신을 사랑하는 것은 지금 당장 선택할 수 있는 일이다. 세상 대부분의 일이 그렇듯 쉬운 일이라고 믿으면 쉽게 이루어진다. 자신을 사랑하기 위해 해야 할 일은 부모가 아이에게 주는 조건 없는 사랑으로 자신의 생각, 감정, 행동을 바라보는 것이다. 어떤 생각이 떠오르더라도 그것이 곧 당신이 아님을 깨달아라. 당신이 어떤 생각 자체가 아니라는 것을 발견하면, 그것들을 조건 없는 사랑으로 바라보는 것은 쉬워진다.

만약 수치스럽거나 악한 생각이 들 때는, 그 생각조차도 사랑하라. 불쾌한 생각을 억지로 없애려 하거나 합리화하지 말고, 온화하고 비판 없는 시선으로 관찰해야 한다. 모든 생각을 사랑하는 것은 어렵지 않다. 당신의 자아는 이것을 어려워할 수 있지만, 이는 부모와 사회로부터 받은 영향 때문이다. 이런 해묵은 믿음을 버리고 마음속 무한한 사랑으로 떠오르는 모든 생각을 바라보기로 선택해야 한다. 모든 생각을 사랑하겠다는 의지를 다지면, 이 과정이 얼마나 자연스럽고 쉽게 느껴지는지에 놀라게 될 것이다.

생각뿐만 아니라 감정도 사랑해야 한다. 감정을 선택할 수는 없지만 그것에 어떻게 반응할지는 선택할 수 있다. 예를 들어 화가 나는 것이 자연스러운 상황일 때, 그 화를 판단하고 자신을 비난하는 것은 자신을 사랑하는 것이 아니다. 모든 감정에 대한 최선의 반응은 생각과 마찬가지로 그것들을 온전히 사랑하는 것이다. 화가 날 때 그 감정을 사랑으로 바라보고, 자신이 경험하는 일시적인 감

People can love you, but you'll have trouble feeling their love if you don't love yourself.

다른 사람들이
당신을 사랑해줄 수는 있지만,
당신이 자신을 사랑하지 않으면
그들의 사랑을 '느끼기' 어렵다.

정이 곧 자신은 아님을 상기해야 한다.

떠오르는 모든 감정을 사랑하도록 선택해야 한다. 그것이 당신이 좋아하는 감정이든 싫어하는 감정이든 상관없다. 불쾌한 감정을 경험하고 그것을 사랑으로 맞이하면, 그 감정이 얼마나 빨리 사라지는지에 기분 좋게 놀랄 것이다. 강렬한 감정을 느끼는 것은 그것이 일시적임을 알면 즐거울 수 있다. 슬픔, 두려움, 분노, 혐오감은 삶에 아름다움과 깊이, 그리고 색채를 더할 수 있다. 불쾌한 감정이 곧 사라질 것을 확신한다면, 그것을 사랑하기가 쉬워진다.

이제 마음속 무한한 사랑으로 모든 생각과 감정을 사랑하고 싶다는 의지를 굳건히 했다면, 행동에 집중해야 할 때다. 실수를 저지른 자신을 판단하고 싶은 유혹이 있을 수 있다. 하지 않았으면 했던 어떤 일을 했거나, 하고 싶지 않았던 어떤 말을 한 자신을 비판할 수도 있다.

당신은 종종 스스로가 했던 지난 행동을 판단함으로써, 신의 사랑을 가로막고 자신이 돈을 벌 자격이 없다는 무의식적인 믿음을 키웠다. 자기 자신을 판단할 때마다 우주로부터 받는 금액이 줄어든다는 사실을 깨닫기는 쉽지 않지만, 자기 사랑과 풍요가 연결된다는 것을 이해하면 명확해진다. 당신의 세상은 에너지로 이루어져 있으며, 그 에너지가 마음과 조화를 이룰 때 당신이 이룰 수 있는 일에는 한계가 없어진다. 돈의 에너지는 자기 사랑과 같은 주파수로 진동한다. 진심으로 자기 자신을 사랑할 때, 당신은 부를 끌어들이는 강력한 자석이 된다. 당신이 신의 사랑을 받지 못하도록 만드는 행동을 할 때마다, 당신은 풍요의 흐름을 끊어버리는 것이다.

실수했을 때 스스로를 판단하는 대신 사랑으로 감싸주어라. 일시적으로 불쾌한 감정을 느낄 때마다, 신의 조건 없는 사랑을 스스로에게 얼마나 집중할 수 있는지 알아볼 기회로 삼아라. 당신은 항상 끝없는 사랑의 흐름을 어디에 집중할지 선택할 수 있다. 때로는 당신의 마음이 자기 의심과 불안에 사랑을 집중할 수도 있다.

당신은 당신의 생각, 감정, 행동이 아니다. 당신은 그것들이 일어나는 것을 지켜보는 관찰자일 뿐이다. 마치 자애로운 어머니가 미소 짓는 아기를 조건 없는 사랑으로 바라보듯, 당신 역시 자신을 그런 사랑으로 바라볼 수 있다. 당신이 보는 모든 것에 사랑을 쏟아붓거나 그 사랑을 간직한다고 해서 당신의 마음에 있는 사랑의 양이 변하지 않는다. 당신은 언제나 고갈되지 않는 무한한 사랑의 원천을 가지고 있다.

더 많은 사람을 사랑한다고 해서 우주로부터 호의를 얻거나 점수를 쌓을 수 있는 것은 아니다. 무언가를 기대하면서 사랑을 나누어야 한다면 그것은 진정한 사랑이 아니다. 그러나 아무것도 기대

You are not your thoughts,
emotions, or actions;
You're the observer watching
those things happen.

❖

당신은 당신의 생각, 감정, 행동이 아니다.
당신은 그것들이 일어나는 것을
지켜보는 관찰자일 뿐이다.

하지 않고 조건 없는 사랑을 나눈다면, 당신은 그 사랑의 통로가 되어 스스로 더 많은 사랑을 받아들일 수 있을 것이다. 당신이 찾고 있는 모든 사랑의 원천은 바로 당신 자신임을 인식하라.

원하는 사랑을 먼저 자신에게 주는 선택을 해야만 다른 사람에게서 그 사랑을 느낄 수 있다. 원하는 사랑을 스스로에게 주는 것은 인생에서 바라는 모든 풍요를 끌어들이기 위해 배워야 할 가장 중요하고, 또 행복한 삶을 사는 데 필수적인 요소다.

당신이 찾고 있는 사랑은 오직 당신의 마음속에서만 찾을 수 있다. 이 사랑은 항상 존재하며, 결코 노력해서 얻어야 할 무언가가 아니다. 당신은 태어난 그 순간부터 신의 무한한 사랑에 접근할 권리를 물려받았다. 천국의 열쇠는 당신 안에 있다. 당신은 단지 모든 생각, 감정, 행동을 마음속 사랑으로 바라보기만 하면 된다. 이렇게 하면 부유한 삶의 기초를 만들 수 있으며, 동시에 사람들이 그들 자신의 마음으로 돌아갈 수 있도록 돕는 사랑을 방출하게 된다.

2

당신의 직관이
길을 안내할 것이다

각각의 사람 안에는 무한한 풍요를 자신과 세상에 가져다줄 수 있는 씨앗이 있다. 이 씨앗에는 당신만이 줄 수 있는 특별한 선물이 담겨 있다. 이 특별한 선물의 씨앗은 잘 가꾸어지면 당신의 삶과 세상을 극적으로 변화시킬 잠재력을 가지고 있다.

당신은 평생 많은 재능을 계발할 수 있지만, 그중에서도 가장 핵심적이고 특별한 선물로 부여받은 씨앗을 하나 지니고 있다. 이 특별한 선물의 씨앗은 태어난 순간부터 충족되기를 추구할 것이다. 이 씨앗은 우주 전체와 연결되어 있으며, 삶에서 그것이 완전히 표현되도록 도와줄 상황들을 계속 끌어들이게 된다. 당신이 이 씨앗을 가꾸기로

Within each person lives a
seed that has the potential to
produce endless abundance for
themselves and the world.

각각의 사람 안에는
무한한 풍요를 자신과 세상에
가져다줄 수 있는 씨앗이 있다.

선택하면, 흔들림 없는 기쁨과 목적을 경험할 것이다. 이 씨앗이 완전히 꽃을 피울 운명이 아니라 하더라도, 수많은 보이지 않는 힘이 항상 당신을 돕고 있다.

자연을 관찰해보면 이러한 패턴을 다양한 유기적 생명체에서 발견할 수 있다. 도토리가 나무에서 떨어질 때, 그 도토리의 완전한 표현은 새로운 나무가 되는 것이다. 모든 도토리가 그 완전한 표현에 도달하지는 않겠지만, 나무가 될 기회는 모든 도토리에 내재되어 있다.

또한 당신은 신의 무한한 지성을 활용하여 당신만의 독특한 재능의 씨앗을 키우도록 준비된 설계도를 지니고 있다. 인간 잠재력의 흥미로운 점은, 당신의 독특한 재능이 최고로 발현되는지 그 여부가 당신이 자유의지로 내리는 선택에 달려 있다는 것이다.

당신의 씨앗은 아무도 제공해줄 수 없는 고유한 재능의 설계도를 담고 있다. 이 세상에 있는 수십억 명의 사람 중 단 한 사람도 당신과 똑같은 씨앗을 가질 수 없다. 세상이 번영할 수 있는 잠재력의 형태는 무한하게 다양하다. 모든 사람은 자신이 가진 독특한 선물의 씨앗을 최고로 발현시킬 수 있고, 만약 모든 사람이 이를 실현한다면 세상은 수십억 개의 독특하고도 신성하리만치 조화로운 선물을 경험할 것이다. 당신은 당신의 씨앗이 최고로 발현되도록 가꿈으로써, 세상에 모두가 누릴 수 있는 아름답고 새로운 에너지를 불어넣게 된다.

비록 당신의 세상이 무수히 다양한 에너지로 가득 차 있는 것처럼 보이더라도, 결국 모든 것은 하나로 이어져 있다. 당신은 개별적 존재이면서 동시에 신의 일부다. 당신이 당신의 씨앗을 키우고 그것이 최고로 발현되도록 할 때, 모든 이가 그 혜택을 누리게 된다. 당신 안에 있는 독특한 재능은 세상을 변화시킬 수 있으며, 이를 키울 때 진정한 기쁨을 느낄 수 있을 것이다.

씨앗을 키우기로 선택한다면 신의 자연적 힘들이 모여 당신의 독특한 재능을 표현하도록 도울 것이며, 삶은 큰 편안함 속에서 흐르게 될 것이다.

당신 안의 씨앗을 키우기로 결정하는 것이 깊이 만족스러운 삶을 사는 열쇠이다. 당신의 세계는 항상 성장과 풍요로움의 에너지에 맞춰져 있다. 신의 본질적인 에너지와 당신을 조화롭게 맞출 때, 삶은 꽃을 피우고 세상의 번영에 기여할 것이다. 성장과 풍요의 에너지에 당신을 조화시킬 때, 신이 보이지 않는 무수한 방식으로 지원할 것이다. 신은 당신을 통해 성장하고 풍요로움을 경험하기 때문이다.

당신의 독특한 재능의 씨앗은 오직 피어나기를 원하며, 그 완전한 표현으로 변모하기 위해 필요한 자양분을 늘 찾아 헤맨다. 만약 당신이 내면의 씨앗을 가꾸지 않기로 선택한다 해도, 여전히 행복한 순간을 경험하거나 강한 노력을 통해 돈을 벌 수는 있다. 그러나 억지로 일을 진행하려고 할 때마다 자연스러운 흐름보다는 끊임없는 저항을 느끼게 될 것이다.

당신의 본래 상태는 신의 힘과 함께 성장하며 마음의 꿈을 실현하는 것이다. 만약 돈을 버는 것이 끊임없는 싸움처럼 느껴진다면, 이는 당신만의 독특한 재능을 키우지 않고 신의 자연스러운 성장과 풍요의 에너지를 따라가지 않아서일 수 있다. 돈을 벌며 강한 저항을 마주했다면 이는 신이 방향을 바꾸라고 보내는 신호다. 저항은 항상 극복해야 대상은 아니다. 저항은 때로 신성한 신호다. 당신의 독특한 재능과 조화를 이룰 때, 삶은 비록 도전적일지라도 자연스럽게 흐르게 된다. 당신은 여전히 열심히 일해야 할 때가 있겠지만, 그 순간에도 내면에서 들려오는 기쁨과 평화의 에너지를 느낄 것이다.

당신의 직관은 영혼의 목소리이며, 독특한 재능의 씨앗을 완전히 발현시키기 위해 그다음으로 취해야 할 정확한 단계를 항상 알려준다. 당신이 찾는 모든 답은 이미 당신 안에 있다. 각 개인은 세상이 한 번도 경험해보지 못한 놀라운 재능을 표현할 잠재력을 가지고 있으며, 동시에 그 독특한 재능을 공유하지 않기로 선택할 수도 있다.

직관을 듣고 따르는 과정에서 오는 불편함 때문에 당신만의 독특한 재능을 가꾸지 않기로 선택할 수도 있다. 직관을 무시하고 다른 사람들의 목소리에 귀를 기울이는 것이 더 쉽고 덜 고통스러워 보일 수 있다. 오랜 시간 동안 직관의 목소리를 듣지 않았다면, 당신은 내면의 현명한 목소리가 존재하지 않는다고 믿을 수도 있다.

모든 사람에게는 지혜로운 내면의 목소리가

있으며, 이를 따르는 것이 자신의 독특한 재능을 최대한 발현시키는 열쇠다. 직관은 늘 그다음에 어떤 걸음을 내디뎌야 할지 알고 있다.

직관의 목소리를 듣고 따르는 법을 배우는 것은 행복과 공동체를 위해 가장 중요하다. 직관과의 연결을 잃고 외부의 다른 목소리를 우선시하면, 결국 길을 잃고 자신만의 독특한 재능을 키우지 못하게 된다.

직관은 당신만의 특별함의 일부다. 그것이 어떤 소리인지, 어떻게 따라야 하는지는 오직 당신만이 알고 있다. 직관은 흔히 내면의 목소리, 마음의 소리, 또는 영혼의 소리로 불린다. 무엇이라 부르든지, 직관이 어떻게 당신에게 전달되든지, 중요한 것은 그것을 듣고 따르는 것이다.

처음 직관을 따르기 시작하면, 이성적으로 이해되지 않는 행동을 하게 될지도 모른다. 그러나 이는 당신의 독특한 재능을 키우는 데 꼭 필요한

Everyone has a wise inner voice,
and following yours is the key to
nurturing the seed of your unique
gift into its fullest expression.

모든 사람에게는
지혜로운 내면의 목소리가 있으며,
이를 따르는 것이 자신의 독특한 재능을
최대한 발현시키는 열쇠다.

과정이다.

당신이 태어날 때부터 가지고 있던 마음은 지구에서 인간으로 살아가는데 필요한 아름다운 창조적 도구다. 마음은 현재의 삶의 환경을 만들어냈으며, 지금 이 순간에도 미래를 창조하고 있다. 피해야 할 것은 이 창조적 도구를 당신의 영혼과 혼동하는 일이다.

마음은 당신에 대한 다양한 생각들로부터 형성된 정체성을 만들어냈다. 여기서 우리는 '자아'라는 단어를 당신의 마음이 당신을 어떻게 생각하는지의 총합으로 정의할 것이다. 자아는 견고한 기반 위에 세워진 것이 아니라, 구름처럼 무형의 생각들로 이루어져 있다. 당신은 자아가 아니며, 당신의 생각도 아니다. 진정한 당신은 일시적인 인간 경험을 위해 지구에 태어난 영원한 영혼이다. 자아는 당신의 육체가 죽으면 사라지지만, 영혼은 시간 밖에 존재한다.

마음이 만든 자아는 일상생활을 영위하는 데 필요하다. 영혼이 인간의 몸 안에서 살아가는 동안 자신이 누구인지, 무엇이 자신을 형성하고 있는지에 대한 이야기가 필요하기 때문이다. 그러나 당신은 그 이야기를 넘어선 진정한 자신을 기억해야 한다. 당신의 목표는 자신의 자아를 초월하거나 버리는 것이 아니다. 당신이 추구해야 할 것은 영혼과 자아의 협력 관계다. 자신이 일시적으로 자아와 인간의 몸을 통해 살아가는 영혼임을 깊은 내면에서부터 알게 되면, 직관을 듣고 따를 용기를 얻게 된다.

　무엇보다 직관을 신뢰해야 세상을 명확하게 볼 수 있다. 다른 사람들의 말이 자신의 직관보다 중요하다고 믿으면, 그들의 관점으로 세상을 보게 된다. 자아가 아닌 영혼이 세상을 보는 렌즈는 성장과 풍요로움에 뿌리를 두고 있으며, 당신만의 독특한 선물의 특성과 혼합되어 있다. 지금 이 시점에서 집단적으로 들려오는 목소리 대부분은 말하는 사람의 자아에서 비롯된 것이다. 다른 사람의 자아의 목소리를 진리의 근원으로 삼으면, 두려움과 결핍으로 가득 찬 세상을 보게 될 것이다.

반면에 만약 당신이 외부에서 사랑을 전하는 목소리를 발견했다면, 그 목소리가 말하는 사람의 영혼에서 비롯되었음을 알 수 있다. 그러나 이때도 당신의 직관을 그들의 말보다 우선시해야 한다. 아무리 순수한 의도를 가진 목소리일지라도, 당신의 진리와는 맞지 않는 말을 할 수 있다. 이때 자신의 진리를 억누르거나 그 사람에게서 찾았던 기반과 안정감을 잃게 될 수도 있다.

그때도 직관은 당신의 삶에서 가장 현명한 목소리가 되어줄 것이다. 다른 사람의 지혜에서 즐거움과 배움을 얻을 수 있지만, 그들이 당신의 북극성이 될 수는 없다. 당신은 자신의 영혼에서 중심을 찾아야 하며, 외부 세계에 대한 집착이 직관에 대한 헌신보다 강해지지 않도록 해야 한다. 이렇게 사는 것은 당신의 외부에서 무슨 일이 일어나든 내면에 평화와 명확함을 줄 것이다.

주변 사람들이 무엇을 하고 있는지를 초월해서 자신의 직관을 따르는 법을 배워야 한다.

모든 답은 이미 당신 안에, 마음보다 깊은 곳에 존재한다. 당신의 직관은 당신만의 씨앗을 완전하게 표현하기 위한 청사진을 정확히 알고 있으며, 이를 단계별로 안내한다. 책, 영상, 팟캐스트는 직관이 전달하려는 메시지를 반영할 수 있지만, 그것이 진리의 원천이 될 수는 없다.

현재 당신 안에는 아직 세상에 드러나지 않은 무한한 잠재적 아이디어의 원천이 존재한다. 당신의 직관이 모든 창의적 비전을 끌어오는 셈이다. 직관을 지적으로 완전히 이해할 수는 없지만, 그것을 느낄 수는 있다. 직관을 듣고 따를 때면, 당신의 삶을 더 나아지게 하는 신성한 힘에 인도받는 느낌이 든다. 이 내면의 존재는 신이 당신을 통해 더 많은 성장과 풍요를 표현하고자 하는 욕망이다. 당신만의 독특한 선물의 씨앗은 항상 그 완전한 표현에 도달하려 노력하고 있다. 이 씨앗은 번영하기 위해 필요한 자양분을 알고 있으며, 지금 당신과 소통하려 한다. 그 메시지를 들을 수 있는가?

사람은 자신만의 방식으로 직관과 연결된다. 내면으로 들어가면 당신의 영혼이 당신과 소통하고자 하는 독특한 방식을 발견할 수 있다. 내면의 조용한 목소리를 듣기 위한 열쇠는 외부 환경과 마음의 자극을 줄이는 것이다. 환경과 마음이 고요해지면, 직관을 듣는 것이 쉬워진다.

당신의 영혼은 항상 당신과 소통하려 하고 있으며, 비록 오랫동안 직관을 무시해 왔다 하더라도 마찬가지다. 처음에는 직관과 마음속에서 울리는 타인의 목소리를 구별하기 어려울 수 있지만, 연습을 통해 쉬워진다. 자연 속에서 홀로 있으면 도움이 되지만 필수적이지는 않다. 바쁜 도시의 아파트에서도 헤드폰으로 편안한 음악을 들으며 내면으로 들어갈 수 있다.

편안한 환경을 조성하고 편안한 자세로 앉은 뒤에는 느리고 깊게 숨을 쉬며 모든 주의를 심장 박동에 집중해라. 처음에는 마음이 시끄러워지고 여러 생각이 무작위로 떠오를 것이다. 이때 가능한 한 많은 에너지를 심장 박동에 집중하고 떠오르는 생각을 판단 없이 관찰한다. 이 연습을 하는 동안, 어떤 생각이 당신을 자극하고 에너지를 심장 중심에서 멀어지게 하는 것을 느낄 수 있다. 에너지가 심장에서 멀어졌거나 당신이 그 생각에 잠시 빠져든 것을 깨달았을 때, 자신이 흩어졌음을 인지하고 에너지를 다시 심장으로 돌려보내라.

항상 기억할 것은, 당신은 당신의 생각이 아니라는 점이다. 마음에 들지 않는 생각과 싸우고 싶은 유혹을 느낄 수 있지만, 꾸준히 에너지의 중심을 심장으로 되돌려야 한다. 생각이 만들어낸 이야기에 빠지거나 그것들과 싸우려 할 때마다, 당신은 일시적으로 인식의 감각을 잃고 직관에서 멀어지게 된다. 이런 일이 발생했을 때 자신을 판단하기보다는, 이것이 필수적인 과정임을 인정하고 인내심을 가져야 한다.

직관과 연결되는 데 올바른 방법이나 잘못된 방법은 없다. 직관과 연결되는 법을 배우는 시간은 결과와 상관없이 소중하다. 언급한 연습이 도움이 될 수 있겠지만, 이는 직관과 연결되는 무한한 방법 중 하나일 뿐이다. 중요한 것은 내면의 고요함을 찾고, 영혼의 목소리를 들으려는 의도로 시간을 보내는 것이다.

직관과 연결될 때마다 당신은 영혼과 직접 대

화하고 있다는 것을 알게 된다. 몸이 깊은 평화로움과 경이로움을 느끼기 때문이다. 당신은 곧 직관과 연결되는 순간을 기대하게 될 것이다. 직관은 당신의 영혼과 신이 당신을 얼마나 깊이 사랑하는지, 그리고 얼마나 자랑스러워하는지를 알려주고 싶어한다. 이러한 말은 책보다 마음으로 깊이 듣고 느끼면 더 큰 위로가 된다.

PART II

당신의 길을 걸어라

3

돈은 고양이처럼 다가온다

돈에 대한 갈망은 아름답다. 그러나 돈을 너무 간절히 원해 자신의 삶을 온전히 즐기지 못하는 것은 부의 흐름을 가로막는 것과 같다. 어떻게 더 많은 돈을 끌어들일지 고민하는 데 에너지를 소모한다면, 이는 오히려 해가 된다. 돈의 에너지는 부드럽고 온화하다. 돈의 에너지는 당신을 돌보려 하지만, 당신이 그것을 집착적으로 갈망하면 두려워 도망가 버린다.

돈의 에너지는 고양이와 같다. 고양이의 애정을 얻으려고 너무 애쓰면, 고양이는 멀어진다. 반면 스스로를 사랑하는 데 집중하면, 고양이는 결국 당신에게 다가와 애정을 줄 것이다.

집착의 에너지는 돈의 에너지를 물리친다. 더 많은 돈이 있어야 내면의 평화와 행복을 얻을 수 있다고 믿는다면, 평생 돈을 좇게 될 것이다. 좇는 것은 항상 멀어지게 된다.

돈을 아름다운 영적 스승으로 생각해보라. 돈의 에너지는 우리에게 자기 사랑의 방법을 가르쳐주고 있다. 돈에 집착한다고 해서 그것이 더 많이 들어오는 것은 아니다. 더 많은 돈이 당신이 사랑하는 삶을 가져다줄 것이라고 믿기보다는, 이미 당신 안에 존재하는 모든 감정을 깨닫는 것이 중요하다.

당신이 진정으로 경험하기를 원하는 감정을 찾으면, 꿈의 삶을 살기 위한 돈이 저절로 찾아온다. 마음이 원하는 돈이 삶에 들어오지 않았다면, 그것은 아직 자기 사랑을 익히는 중이기 때문이다. 당신은 직관을 믿고 더 이상 돈 걱정 없이 즐겁게 사는 가장 자연스러운 상태로 돌아가는 과정에 있다. 그렇게 된다면 지금 돈에 대해 생각하는 에너지의 절반만 사용해도 돈을 더 많이 끌어오게 될 것이다. 대부분의 사람은 돈에 대해 너무 많이 생각한다.

돈이 어디에서 더 올 수 있는지 걱정하는 데 너무 많은 에너지를 집중하면, 몸은 불안과 긴장 상태로 접어든다. 더 많은 돈이 내면의 평화를 줄 것이라 믿으면 이를 간절히 좇게 되어 아이러니하게도 오히려 평화와 멀어지는 것이다. 어떻게 더 많은 돈을 벌지에 대한 관심을 내려놓고, 지금 행복해지는 법을 배워야 한다. 돈을 향한 공격적인 추구를 내려놓으면, 이미 삶에 무한한 아름다움이 존재함을 알게 될 것이다. 자신을 사랑하는 데 집중하면, 돈은 자기만의 리듬과 타이밍으로 찾아온다.

먼저 평화와 행복을 찾는 데 집중하면, 돈도

고양이가 다가와 애정을 표현하듯 찾아올 것이다. 돈의 에너지는 당신과 하나가 되기를 기다리며, 당신의 독특한 재능을 키워주고 싶어 한다. 그러나 사랑에서 비롯된 이유로, 당신이 간절한 필요를 내려놓을 때까지 기다린다. 더 많은 돈이 원하는 감정을 줄 것이라는 무거운 기대를 내려놓아라. 더 많은 돈이 없어도 이미 충만하다는 것을 깨달으면, 더 많은 돈이 당신의 삶에 끌어들여질 것이다. 당신의 외부 세계는 당신의 내면에서 일어나는 일들을 반영하기 때문이다.

당신이 진실이라고 믿는 것을 당신의 마음 또한 믿어야 한다. 그렇지 않으면 외부 세계의 겉모습에 속아 길을 잃게 될 것이다.

지금의 사회에서 가장 지배적인 믿음은 규율 아래서 바짝 노력하는 것만이 부를 끌어들이는 길이라는 것이다. 그러나 자신을 사랑하는 데 에너지를 집중하는 것은 그 지배적인 믿음에 따르는 것 이상의 용기를 필요로 한다. 사회 다수의 믿음과 상반되는 것을 계속해서 선택해야 하기 때문이다. 돈을 더 많이 버는 방법에 집중하는 대신 그에 대한 관심을 줄여보라. 더 많은 돈이 생기면 기분이 좋아질 것이라는 생각을 내려놓고, 지금 느끼는 좋은 감정에 집중하라. 자기 사랑으로 가득 찬 삶을 사는 것은 쉬운 일이다. 이러한 삶의 방식은 자연스러운 상태이며, 사람은 본래 그렇게 살아가도록 태어난다.

자기 사랑의 핵심은, 주변 사람들이 아무리 당신을 사랑하고 각자가 아는 최선을 바라더라도, 당신에게 진실이라고 알고 있는 것만을 신뢰하는 것이다. 당신은 오직 자신만이 아는 마음의 소망을 가지고 태어났다. 그 꿈은 세상을 바꾸는 회사를 설립하는 일처럼 거대할 수도 있고, 숲속 작은 오두막에 사는 일처럼 소박할 수도 있다. 그 꿈을 사랑하는 이에게 설명한다 해도 그들은 당신처럼 직관적으로 느낄 수 없으므로, 당신이 자신 안에서 진실이라고 아는 것을 우선시해야 한다. 직관을 신뢰하는 것이야말로 당신이 사랑하는 삶을 창조하는 방법이며, 부모와 사회가 당신에게 주입한 삶 대신 자신의 길을 찾는 것이다. 직관에 대한 자신감과 신뢰는 무모함이나 자만이 아니라 자기 사랑의 표현이다.

Once you realize you don't need
more money to feel good, you'll
attract more it into your life.

더 많은 돈이 없어도
이미 충만하다는 것을 깨달으면,
더 많은 돈이 당신의 삶에 끌어들여질 것이다.

4

자아의 욕망이 아닌, 마음의 욕망을 추구하라

당신의 자아는 많은 욕망을 만들어낸다. 그리고 마치 그것을 충족해야만 행복할 것처럼 느끼게 만든다. 어떤 욕망이 자아에서 비롯된 것인지, 어떤 욕망이 마음에서 나온 것인지 확신이 서지 않을 때가 있을 것이다. 그럴 때는 그 느낌에 주목하라.

자아의 욕망은 항상 두려움이라는 에너지를 숨기고 있다. 자아의 욕망을 추구할 때는 지금 이대로는 괜찮지 않으며, 욕망이 충족되지 않으면 평화로울 수 없다고 느끼게 된다.

자아의 욕망이 가진 또 다른 특징은 결핍이다. 만약 당신의 욕망이 결핍의 에너지를 포함하고 있다면, 빠르게 행동하고 무언가를 억지로라도 이루어야 한다고 믿게 된다. 그렇지 않으면 중요한 기회를 놓칠 것이라 생각하게 된다.

하지만 마음 깊은 곳에서 우러나오는 욕망은 다르다. 마음에서 비롯된 욕망은 그 욕망이 반드시 이루어질 운명인 것처럼 평온함을 불러온다. 마음의 욕망은 당신의 통제 밖에서 신성한 시기에 실현될 것이다. 독특한 재능의 씨앗을 가꾸고 그 재능의 최대 표현에 다가갈 때 마음속에 떠오르는 욕망은 전과 다르게 느껴질 것이다.

마음의 소망은 나타날 때부터 이루어질 때까지 항상 기쁨을 가져다준다. 반면에 자아의 욕망은 그 욕망을 이루기 위한 과정 내내 불편한 긴장감을 가져다준다. 자아의 욕망을 하나 이루면, 잠시 동안은 좋을지 모르지만 곧 새로운 욕망이 생겨나면서 다시 긴장감이 돌아온다. 이러한 끝없는 긴장으로 이어지는 욕망의 쳇바퀴는 많은 사람이 욕망의 완전한 실현을 포기하게 만드는 이유다. 만약 당신이 평생 자아의 욕망만을 좇아왔다면, 모든 욕망은 고통을 만들어낸다고 믿게 될지도 모른다.

마음의 소망을 추구하는 것은 인생에서 가장 즐거운 일 중 하나다. 마음의 소망이 반드시 이루어질 것이라는 믿음으로 그 욕망과 함께하는 순간을 즐기기 시작하면, 현재를 즐기면서도 곧 다가올 삶의 변화를 기대할 수 있다.

중요한 것은 자아에서 비롯된 욕망과 마음에서 비롯된 욕망의 차이를 인식하는 것이다. 그 차이를 알게 되면 자아의 욕망을 내려놓고 새롭게 얻은 에너지를 현재의 순간을 즐기는 데 집중할 수 있다.

마음의 욕망으로 흥분할 때, 그 흥분은 현재에 충실한 것으로 느껴진다. 마음의 욕망과 합일될 때는 꼭 미래를 기다려야 행복해지지는 않는다. 바로 지금, 오늘 행복을 느낄 수 있다.

종종 마음 깊이 원하는 것이 무엇인지 알 수는 있지만, 그것이 어떻게 생겼는지는 알기 어려울 때가 있다. 마음이 무언가 멋진 것이 다가오고 있다고 느낄 때, 그 느낌을 신뢰해야 한다. 직관은 당신을 더 기쁘고 환상적인 삶으로 이끈다. 우리의 사고는 창의적 도구지만, 그 도구를 활용해 진정 마음이 원하는 것을 실현할 때가 오면 직관이 길잡이가 되어준다.

억지로 실현 기법을 사용하려 하지 말아야 한다. 만약 그렇게 해야 할 것같이 느낀다면, 자아의 욕망을 추구하고 있을 가능성이 크다. 마음의 소망은 항상 가볍고 자연스럽다. 만약 현재 소망하는 것이 무겁고 피곤하다면, 그 소망이 어디에서 오는 것인지 직관에 대고 물어보아야 한다. 신은 항상 당신을 통해 더 많은 성장과 풍요를 이루고자 하며, 당신이 마음의 소망을 추구하면서 긴장하기를 원치 않는다. 지상에서 천국을 실현하는 것은 흥미진진한 모험으로 설계되어 있다. 직관이 당신에게 마음의 소망을 속삭이고 그것을 어떻게 이룰 수 있는지 알려줄 때, 그 직관을 신뢰하기만 하면 된다.

처음에는 직관이 현재 당신이 가지고 있는 모든 자아의 욕망에 대해 인식하게 해줄 것이다. 마침내 자아의 욕망을 내려놓으면, 존재하는 오직 단 하나의 순간인 현재에 완전히 몰입하게 될 것이다. 지금 당신 주위에서 펼쳐지는 모든 일은 숨이 멎을 만큼 아름답지만, 자아의 욕망으로 시야가 흐려져 있으면 그것을 볼 수 없다. 자아로부터 오는 모든 욕망을 내려놓으면, 더 이상 미래의 행복을 기다리지 않고 이미 존재하는 순간 속에서 믿을 수 없을 만큼 아름다운 삶을 발견하게 된다.

당신의 독특한 재능은 에너지가 현재에 자리 잡고 있을 때만 그 완전한 표현에 도달할 수 있다. 당신의 생명력 넘치는 핵심 에너지를 과거와 현재, 혹은 현재와 미래에 걸쳐 나눠놓으면, 독특한 재능에 전념할 수 없다.

당신은 이미 마음이 원하는 곳, 즉 현재라는 순간에 존재하고 있다. 직관을 따라 새로운 도시나 나라로 나아갈 수도 있지만, 마음이 진정으로 갈망하는 것은 당신이 어디에 있든 그 순간 속에 완전히 존재한다.

직관을 계속 따르다 보면 흥미로운 일이 일어난다. 내면의 조용한 목소리에 귀 기울일수록 더욱 현재에 머무르게 된다. 경험을 통해 자아는 과거나 미래에만 존재하며 직관은 오직 현재에서만 들을 수 있음을 알게 될 것이다. 직관과 연결되는 방법을 익히고 명상 등 현재에 더 깊이 빠져드는 행동을 실천하면 직관을 듣기가 훨씬 수월해진다.

　마음의 소망을 이루기 위한 모든 걸음은 당신을 현재로 이끌 것이다. 자아가 두려움으로 세운 장막이 걷히는 곳은 오직 현재뿐이며, 진정한 삶은 그곳에 있다. 세상이 선명하게 보일 때, 말문이 막힐 정도로 아름다움을 느끼게 된다. 당신의 영혼은 당신이 항상 아름다운 현재로 돌아갈 수 있도록 돕고 있다. 현재에 완전히 머무를 때, 모든 환상이 해소되고 당신만의 특별한 재능의 씨앗이 자연스럽게 가장 완전한 표현을 찾게 될 것이다.

5

당신은
풍요롭게 태어난 존재다

돈의 에너지는 신의 무한한 사랑의 발현이며, 그것을 찾는 누구에게나 열려 있다. 부자가 되고자 하는 마음이 강하다면 이는 세상에 자신만의 특별한 재능을 더 완전하게 표현하고자 하는 열망 때문이며, 지금보다 많은 돈이 필요함을 의미한다.

부에 대한 갈망이 곧 특별한 재능을 다른 사람과 나누기 위해 더 큰 재정적 자유를 갖고자 하는 것임을 깨달을 때, 당신은 부를 이루려는 시도에서 죄책감을 느끼지 않게 될 것이다.

재정적인 상황 때문에 당신이 싫어하는 직업에 종사하거나 먹을 것과 잘 곳을 걱정해야 한다면, 특별한 재능이 완전히 발휘되는 것은 불가능하다. 세상에는 돈을 원하는 것이 나쁘고 부를 좇는 사람들은 행복하지 않다는 믿음이 널리 퍼져 있다. 그러나 이러한 믿음은 답을 찾기 위해 외부 세계에 의지할 때나 힘을 가질 뿐이며, 자신의 경험에 집중할 때는 그렇지 않다.

마음에 물어보라.
더 많은 돈이 있다면 내 삶이 나아질까?

만약 그렇다면, 이는 아름다운 답이며 부정하거나 부끄러워할 필요가 없다. 돈에 대한 균형 잡힌 애정은 건강한 자기애의 한 형태다. 돈을 바라는 이유는 그것이 정신적, 신체적, 영적 건강을 돌볼 수 있게 해주는 에너지이기 때문이다. 만약 부에 대한 마음의 욕망을 부정한다면, 그것을 실현하려 할 때 내면의 갈등에 빠지게 될 것이다.

부자가 되고 싶어 하는 것에는 어두운 면이나 악한 것이 없다. 돈의 에너지는 아름답고 당신을 돌보려 한다. 돈을 원하는 것이 문제가 되는 것은 오직 그것을 다른 모든 것보다 우선시할 때다. 만약 최종 목표가 부자가 되는 것이라면, 마음속의 무한한 사랑을 보지 못하게 될 것이다. 돈에 대한 건강한 애정은 그것이 단지 도구임을 깨달을 때 생긴다.

신은 항상 당신에게 유리하게 작용하는 살아 있는 존재다. 돈의 에너지가 당신의 특별한 재능을 세상에 더 완전하게 표현하는 데 도움이 된다는 것을 깨달으면, 당신이 부자가 됨으로써 모두가 혜택을 받는다는 것을 알게 될 것이다. 신은 당신이 안전하다고 느낄 수 있는 아름다운 곳에서 살기를, 건강하고 영양가 있는 음식을 먹어 당신의 특별한 재능을 나눌 에너지를 갖기를 원한다.

당신만이 신의 사랑을 당신만의 방식으로 표

현할 수 있는 유일한 사람이다. 우리는 모두 하나이며, 이는 당신의 행복과 풍요가 모두에게 이익이 된다는 것을 의미한다. 부자가 되는 일은 세상 누구도 따라 하지 못할 창조적이고 독특한 역량으로 사랑을 나누는 빛의 등대가 되는 것이다.

당신은 사랑 그 자체이며, 그 안에는 당신만이 세상에 아름다운 변화를 가져올 수 있는 독특한 선물인 씨앗이 있다. 이 씨앗은 충분히 길러질 때 돈의 에너지가 되어 세상에 빛을 발할 것이다. 당신이 만나는 모든 사람, 심지어 부유한 사람들을 질투하거나 미워하는 이들까지도 당신이 마음의 소망을 이루기 위해 필요한 돈을 끌어들일 때 혜택을 받는다.

당신만의 독특한 선물이 무엇인지 명확히 모른다면, 이 말에 의문이 들 수 있다. 그러나 아직 그 선물을 발견하지 못했다고 해서 없는 것은 아니다. 이 글을 만난 것도 신이 세상을 사랑으로 변화시키기 위해 당신을 준비시키고 있기 때문이다. 돈에 대한 욕망을 이기적인 것으로 보지 말고, 그것이 세상을 사랑하는 최선의 방법임을 깨달아야 한다.

자기 사랑은 곧 세상을 사랑하는 것이다. 당신은 신의 자식이며, 자신을 통해 다른 모든 이를 사랑할 수 있다. 자신이 풍요로움을 충분히 누릴 자격이 없다고 생각해 자기 사랑을 제한한다면, 당신의 필요를 채우지 못하게 되고 세상에 대한 사랑의 흐름을 막게 될 것이다.

당신은 부유해지도록 태어났다. 신은 당신에게 큰 행운을 부여했으며, 당신이 끌어들이는 모든 사람은 당신이 부유하고 완전히 발현된 존재로 성장하도록 돕기 위해 온 것이다.

당신의 삶은 항상 당신의 가슴속 사랑을 세상

과 나누도록 준비해왔다. 이제 가장 중요한 단계는 신이 주고자 하는 모든 풍요로움을 받아들이는 것이다. 당신의 자아가 가능하다고 믿는 것보다 훨씬 더 쉽게 부유해질 때가 되었다. 그렇게 함으로써 당신의 독특한 선물, 현재 당신의 가슴 속에서 피어나기를 기다리는 씨앗을 기를 수 있다.

The energy of money is a
manifestation of the Universe's
infinite love for you and is
available to anyone who seeks it.

돈의 에너지는
신의 무한한 사랑의 발현이며,
그것을 찾는 누구에게나 열려 있다.

6

돈은 연료다

돈은 당신이 원하는 어떤 것에도 사용할 수 있는 연료다. 자동차가 연료로 움직이듯, 돈을 당신이 원하는 창의적 표현에 사용할 수 있다.

돈은 세상에서 무언가를 자유롭게 창조할 수 있게 해주는 물질이다. 창의성을 표현하는 데 많은 돈이 필요하지는 않지만, 돈이 많으면 더 쉽게 창의성을 발휘할 수 있다. 생존을 위해 에너지를 쏟지 않고 오로지 창의성을 표현하는 데 집중할 수 있는 자유가 주어지면 놀라운 마법이 펼쳐진다. 돈을 벌어야 한다는 무거운 부담이 없어지면 무한한 창의성의 원천이 열린다. 생존 때문에 싫어하는 일을 하지 않아도 될 때, 창의적 표현을 통해 엄청난 자유를 경험하게 된다.

 우리가 태어난 이유는 이 세상을 안전하게 느끼며 자유롭게 놀기 위함이다. 돈을 벌기 위한 고군분투가 사라지면, 우리의 내면 아이가 몸과 마음, 영혼 안에서 즐겁게 뛰어놀며 아름다운 것들을 새로이 창조할 자유를 얻는다. 부유한 미래의 자신을 상상해보고, 내면 아이가 창의적 충동을 온전히 표현하는 모습을 그려보라. 마음속에서 태어나고자 하는 것을 표현하는 단순한 기쁨을 위해 놀듯이 창조하는 것이 어떤 느낌인지 상상해보라.

 지금 당신의 자아는 어떻게 해야 더 많은 돈이 올지에 대한 답을 아직 듣지 못했기 때문에 창조에 대한 저항을 만들고 있다. 하지만 그 방법은 이미 당신 안에 있음을 알아야 한다. 부를 창출하는 구체적인 방법은 각자의 삶에서 고유하며, 오직 자신 안에서 찾을 수 있다. 진정으로 부자가 되기를 원하는 사람이라면 누구나 그 꿈을 이룰 수 있다는 것이 아름다운 진실이다.

당신의 마음이 부자가 되기를 원한다면, 그것은 이미 영혼이 그 길을 명확하고 정밀하게 알고 있다는 의미이다. 이 내면의 계획을 받아들이기 전에, 더 많은 풍요를 이끌어내는 데 방해가 되는 모든 해묵은 신념을 정화하고 없애야 한다. 돈에 대한 당신의 신념에 한계가 있다고 느끼거나, 설사 한계가 있다 하더라도 지금은 그것이 방해가 되지 않는다고 생각할 수 있다. 하지만 이러한 한계는 종종 부모와 사회로부터 무의식적으로 학습된 것임을 인정하는 것이 중요하다.

많은 사람이 돈을 버는 것이 어렵거나 나쁘다는 믿음을 물려받았다. 사람들은 자신이 가진 돈에 대한 신념에 따라 스스로 한계를 만든다. 만약 자신의 마음에 맞는 방식으로 부자가 되는 것이 두렵다면, 더 많은 돈을 끌어들이는 능력에 보이지

The specifics of how you'll
generate wealth are unique to
your life and can only come from
within.

부를 창출하는 구체적인 방법은
각자의 삶에서 고유하며,
오직 자신 안에서 찾을 수 있다.

않는 장벽을 치는 신념이 내면에 숨어 있는지 스스로에게 물어야 한다.

풍요로운 개인이 마음속에 있는 것을 자유롭게 나누는 것은 참으로 아름다운 일이다. 많은 사람이 부유한 사람들에게 갖는 반감은 부의 유한성에 대한 오해에서 비롯된다. 하지만 세상의 부는 무한하며, 끊임없이 증가하고 있다. 인간의 영혼에 깃든 무한한 영감과 창의성 덕분에 세계의 풍요로움은 소진되지 않을 것이다.

다른 사람의 부가 자신의 부를 감소시킨다고 믿는 사람들이 많다. 하지만 진심을 다해 돈을 번다면 이는 사실이 아니다. 누군가가 직관을 따라 부유해질 때마다 인류 전체의 풍요로움이 증가한다. 화석 연료가 유일한 동력이라고 믿었던 과거의 세상에서 지속 가능한 에너지를 찾아낸 인간의 영혼이 그 예다. 인류 전체가 직면한 어떤 도전도, 스스로 해결할 수 있는 능력을 믿는다면 해결할 수 있을 것이다.

이 개념은 부의 창출에도 적용된다. 아직 발견되지 않은 방식으로 부를 창출할 기회는 언제나 존재한다. 지금 이 이야기를 공유하는 이유는, 부자가 되어 당신만의 독특한 재능을 나눌 수 있는 창의적인 연료를 더 많이 갖게 될 때, 세상도 이로부터 혜택을 받기 때문이다. 누군가가 진심을 다해 더 많은 부를 이끌어낼 때, 모두가 혜택을 누린다. 이러한 개념을 새기면 다른 사람들이 당신의 재정적 풍요로움을 위협으로 느끼거나 질투할 때 개인적으로 받아들이지 않게 될 것이다.

당신은 마음속에 있는 무한한 사랑을 표현하기 위해 필요한 모든 연료를 가질 자격이 있는 아름답고 따뜻한 영혼이다.

자신의 독특한 재능을 세상과 나누고 그 결과로 풍요로워진다면, 그 삶은 다른 이들에게 그들이

할 수 있는 것을 보여주고 사랑하는 삶을 창조하도록 영감을 줄 것이다.

7

당신 삶의 감독이 되어라

부유해지는데 가장 필수적인 요소는 돈이 진정한 풍요의 한 형태일 뿐임을 깨닫는 것이다. 원하는 돈이 물리적인 형태로 나타나기 전에 먼저 자신 안에 풍요의 씨앗을 심어야 한다. 외부 세계에서 일어나는 모든 현상은 누군가의 의식에서 씨앗 상태로 출발한다. 당신의 의식은 하나의 내면의 정원과 같으며, 반드시 보살펴야 한다.

내면의 정원을 가꾸는 방법은 마음이 살고자 하는 삶과 일치하는 믿음을 심고, 잡초처럼 정원의 성장을 방해하는 신념의 한계를 제거하는 것이다. 마음을 따를 때 부가 무한해지고 쉽게 나타난다는 것을 알고 있는가? 당신이 우주와 하나이며, 마음속에 있는 꿈들은 당신이 그것들을 실현하기 위해 태어났기 때문에 존재한다는 것을 믿는가? 이것이 당신 내면의 정원에 심고 돌봐야 할 풍요로운 신념의 예시다.

자아는 많은 의심을 품고 있으며, 더 많은 돈을 어떻게 벌 것인지에 대한 구체적인 내용을 알고 싶어 할 수 있다. 그러나 당신에게 주어진 독특한 재능은 구체적인 계획까지는 볼 수 없을 수도 있다. 만약 내면의 정원에 '사랑하는 일을 하면서는 생계를 유지할 수 없다'라는 신념의 한계가 있다면, 재능은 발현되지 않을 것이다. 외부 물질세계에서 나타나는 일들은 내면에 심고 돌보는 믿음을 반영하기 때문이다.

세상에는 인생이 불공평하고 각자가 통제할 수 없는 힘의 희생자라는 믿음이 만연하지만, 이 믿음을 의식에 심을 필요는 없다. 당신은 다른 사람의 삶을 창조하는 사람이 아니지만, 당신의 삶에 있어서는 유일한 감독이다. 만약 삶이 마음에 들지 않는다면, 그것을 바꿀 힘은 자신에게 있다.

모든 사람은 자신의 인생 이야기를 쓰는 작가다. 다른 사람의 이야기를 바꿀 수는 없지만, 누구를 삶에 들일지, 그리고 그들이 자신을 어떻게 대하도록 허락할지를 선택할 수 있다. 자신의 삶에 책임을 지는 것이 무력함에서 벗어나는 길이다.

스스로에게 물어보라.
나는 피해자인가, 아니면 내 삶의 창조자인가?

다른 사람들에게 세상의 작동 방식을 듣고자 한다면, 이미 스스로의 내면에 가꾸어온 믿음을 뒷받침할 증거를 제공하는 사람들만 만나게 될 것이다. 외부에서 답이나 인정을 찾는 것을 멈추고 내면으로 향해야 한다. 다른 사람의 삶을 통해 세상의 작동 방식을 판단하기보다는, 자신의 삶을 보고 스스로 결론을 내려야 한다.

지구에 살아 있는 모든 사람은 각자의 특별한 임무를 가지고 태어났다. 각 영혼의 여정은 개인마다 고유하며, 이 생에서 당신이 배워야 할 교훈은 다른 영혼들이 배워야 할 교훈과 다르다. 어떤 영혼은 이 생에서 많은 부를 경험하기 위해 이곳에 왔을 수도 있고, 또 다른 영혼은 모든 물질적 소유를 포기하고 숲속에서 은둔자로 살아가는 것을 배우기 위해 왔을 수도 있다.

당신의 영혼이 왜 이 지구에 태어나기로 결정했는지는 오직 당신만이 알고 있다. 그렇기 때문에 삶에서 중요한 사람, 사물, 경험을 평가할 사람도 오직 당신이어야 한다. 한 사람에게 깊은 지혜가 되는 조언이 다른 사람에게는 해로울 수 있다. 부모나 사회가 암시한다고 해서 맹목적으로 따라야 할 보편적인 진리는 없다.

　　내면으로 들어가 마음에 물어보라. 내가 왜 이곳 지구에 있으며, 이번 생에서 내 영혼이 경험하고자 하는 것은 무엇인가? 이 질문에 대한 답은 마음의 소망을 실현하기 위해 필요한 모든 부를 얻는 걸 도와줄 것이다. 마음의 모든 욕망은 중요한 이유로 당신의 영혼이 준 것이다. 마음의 욕망에 대해 부끄러워하거나 그것이 비현실적이라고 믿기보다는, 그것을 북극성으로 삼아라.

　　창조성의 힘을 자각하는 순간, 그 힘을 이용해 마음의 소망을 실현해가게 된다. 마음의 소망을 추구하는 것만큼 행복하고 충만한 것은 없다. 우리가 태어난 가정과 성장한 사회는 무엇이 행복을 주는지에 대해 나름의 고정 관념을 가지고 있었을지 모르나, 그것들이 반드시 당신의 마음을 행복하게 만드는 것은 아닐 수 있다.

부모님이나 사회에 반하여 그들이 가르쳐준 행복의 정의와 반대되는 일을 하라는 것이 아니다. 우리가 해야 할 일은 내면에 귀 기울여 이 짧은 지구에서의 삶 동안 어떤 것을 창조하고 싶은지 물어보는 것이다.

무엇을 실현할 수 있는지, 무엇을 실현할 수 없는지에 대한 규칙은 없다. 우리는 인류 역사상 전례 없는 시대에 살고 있으며, 한 세대 전만 해도 불가능했던 창조적 기회들이 존재한다. 과거에 얽매이지 말고, 모든 오래된 틀을 불태우고 새롭게 시작할 수 있는 완전한 창조적 자유를 자신에게 허락하라.

당신은 순수한 빛에서 온 무한한 영혼으로, 일시적인 인간 경험을 하고 있다. 지구에서 살아 가는 동안, 마음을 통해 탄생시키고자 하는 모든 것을 완전하게 표현하라. 이러한 삶의 비전을 실현하는 연료로서 돈은 중요한 역할을 한다. 당신의 영혼은 당신이 창조적인 힘을 깨달아 당신만의 천국을 지구 위에 건설할 것임을 알고 큰 기쁨으로 이 세계에 오게 되었다.

8

지금 사랑하는 일을 하라

돈의 에너지는 기쁨에 끌린다. 꿈의 삶을 살기 위해 필요한 부를 실현하고 싶다면, 사랑할 수 있는 일을 찾아야 한다. 사랑하는 일을 발견하는 쉬운 방법이 있다. 스스로에게 다음 질문을 던져보는 것이다.

무한한 돈이 있다면 무엇을 할 것인가?

어떤 일을 하기 위해 더 많은 돈이 필요하다고 느낀다면, 그 일이 당신을 이 세상에 나누어야 할 특별한 선물로 인도하고 있는 것이다. 부자가 되고 싶다면 내면을 탐구하고 마음이 열정을 느끼

The energy of money is magnetic
to joy. If you want to manifest
the wealth needed to live your
heart's dream life, you must find
work you love.

❖

돈의 에너지는 기쁨에 끌린다.
꿈의 삶을 살기 위해
필요한 부를 실현하고 싶다면,
사랑할 수 있는 일을 찾아야 한다.

는 일을 찾아야 한다. 일은 삶의 큰 부분을 차지하므로, 진정으로 사랑하는 일을 찾는 것이 중요하다. 단지 돈을 많이 벌기 위한 일자리를 찾는다면, 마음이 즐기지 못하는 삶을 꾸리게 된다. 진정으로 즐거운 일을 찾으면 삶의 모든 분야에서 풍요로움을 끌어오게 된다.

돈은 열정의 불꽃을 일으키는 활동을 찾고 참여함으로써 얻게 되는 부산물이다. 현재 하는 일이 마음에 들지 않는다면, 사랑하는 일을 할 수 있는 방향으로 전환할 방법을 찾아야 한다. 열정을 느끼는 일로 당장 생계를 유지할 수 없다면, 남는 시간에 그것을 가능하게 할 방법을 찾아보자.

좋아하는 일을 하며 보내는 매 순간은 새로운 경력을 쌓을 동력이 되어 준다. 청구서를 지불하기 위해 싫어하는 직업을 유지할 수는 있지만, 영혼을 밝히는 일을 완전히 포기해서는 안 된다. 마음이 깊이 즐기는 일을 할 때마다, 다른 어떤 곳에서도 얻을 수 없는 열정적인 에너지가 몸을 가득 채울 것이다.

당신은 신의 무한한 사랑을 누구도 흉내 낼 수 없는 독특한 형태로 표현하기 위해 태어났다. 세상에 그 특별한 선물을 나눌 것인지는 당신의 선택이다. 그림을 사랑한다면, 그려라. 글쓰기를 좋아한다면, 써라. 춤추는 것을 좋아한다면, 춤춰라. 중요한 것은 지금 하고 싶은 일을 하는 것이며, 돈이 더 생기기를 기다리지 말아야 한다는 것이다. 많은 사람이 미래에 하고 싶은 어떤 일을 지금은 돈이 없어서 할 수 없다고 말하지만, 사실 그들을 막고 있는 것은 두려움일 뿐이다.

은행 계좌에 돈이 얼마나 있든 상관없이, 지금 사랑하는 일을 할 수 있는 역량은 충분하다.

뮤직비디오 감독이 되고 싶다면, 주말에 친구

들과 함께 열정적인 프로젝트를 꾸려보는 것으로 시작해야 한다. 제과점을 열고 싶다면, 일주일에 한 번 가족을 위해 컵케이크를 구워보는 것이 좋다. 지금 당장 사랑하는 일을 시작하면, 더 많은 돈을 벌 방법이 곧 나타난다. 새로운 부의 다리는 열정에 집중할 때 떠오르는 영감과 아이디어로 나타날 것이다.

지금 힘들어하면서 언젠가 올 행운을 바라기보다는, 현재의 삶에서 행복을 우선시하고 그 행복과 현재를 통합할 방법을 찾아야 한다. 당신이 경험하고 있는 현재의 순간 외에 미래는 없다. 사랑하는 일을 하기 위해 미래를 기다리지 말고, 꿈을 현재에 통합하여 두 세계가 하나가 되도록 해야 한다. 스스로에게 물어보라. 내가 부유하다면 내 삶은 어떤 모습일까, 지금 당장 그 방식으로 살기 위해 무엇을 시작할 수 있을까?

당신은 아마도 지금 좇고 싶지만 필요한 경제

If you love to write, write. If you love to dance, dance. All that matters is that you do the thing you want to do now instead of waiting for money to come before you start doing it.

❖

글쓰기를 좋아한다면, 써라.
춤추는 것을 좋아한다면, 춤춰라.
중요한 것은 당신이 하고 싶은 일을 하는 것이며,
돈이 더 생기기를 기다리지 말아야 한다는 것이다.

적 자원이 부족해 시도하지 못하는 창의적인 아이디어를 가지고 있을 것이다. 할 수 없는 것에 집중하기보다는 할 수 있는 것에 집중해야 한다. 당신만의 천국을 향한 여정은 새로운 방향으로 한 걸음 내딛는 데에서 시작된다. 마음이 원하는 풍요로운 삶을 창조하고 싶다면, 지금 당장 시작할 수 있는 작고 간단한 행동이 무엇인지 스스로에게 물어보라.

세상은 당신이 내면에서 길러낸 에너지에 유연하게 적응한다. 지금 가장 중요한 것은 마음이 원하는 방향으로 한 걸음 내딛는 것이다. 첫걸음이 가장 중요하며, 이는 부유한 미래의 당신이 가장 감사하게 여길 것이다. 더 많은 돈이 들어오기를 기다리기보다, 마음이 꿈꾸는 삶을 지금부터 시작하라.

먼저 사랑하는 일을 통해 에너지를 생성해야만 새로운 기회, 아이디어, 그리고 우연한 일치들이 더 많은 돈을 끌어올 수 있다. 사랑하는 일을 시작하면, 자연스럽게 아름답고 풍요로운 길을 향한 신성한 영감과 아이디어를 얻게 된다. 그 길을 걷다 보면, 돈이 너무도 쉽게 다가와 세상에 돈이 부족하다고 느꼈던 이유마저 잊게 될 것이다. 일의 즐거움에 집중할 때, 마음이 원하는 모든 돈은 자연스럽게 찾아온다. 더 많은 돈이 당신을 행복하게 하고 모든 문제를 해결해 줄 것이라는 기대를 버려라.

행복을 위해 어떤것이 꼭 필요하다는 것은 환상일 뿐이다. 외부에서 오는 어떤 것도 내면에서 얻지 못하는 행복을 제공할 수 없다. 자아는 특정한 사람, 물건, 혹은 경험을 통해서만 행복을 느낄 수 있다고 믿지만, 실제로는 지금 이 순간에도 그런 기분을 선택하고 경험할 수 있다. 더 많은 돈이 있어야 창의성을 표현할 수 있다고 믿으며 기다리지 말고, 지금 당장 시작하라. 그 삶을 바로 살아가면, 창의성을 표현하는 단순한 기쁨에 몰두하면, 돈은 저절로 따라온다. 많은 사람이 돈이 더 많아지면 사랑하는 일을 할 에너지가 생길 것이라고 믿지만, 실상은 반대다. 당신이 즐기는 일을 시작해야 더 많은 에너지와 영감이 따라온다.

하루 10분이라도 가장 큰 열정을 어떤 형태로든 표현하는 시간을 가져라. 그러면 그 에너지가 일주일 내내 지속될 것이다. 사랑과 창의적 생명력을 표현하지 않으면, 싫어하는 일을 하면서 돈을 많이 벌어도 항상 피곤함을 느끼게 된다. 현재의 직업을 핑계 삼아, 부자가 되어야만 살 수 있다고 믿는 삶을 더는 미루지 말라.

더 많은 돈이 생기면 할 수 있을 것이라 믿는

일들의 본질은 사실 지금 바로 경험할 수 있다. 만약 자아가 지금 사랑하는 일을 시작할 수 없는 이유로 이루어진 긴 목록을 제시하며 저항하고 있다면, 아직 생각해보지 않은 창의적인 대안이 있는지 <u>스스로에게 물어보라.</u>

예를 들어 여행을 하고 싶어서 더 많은 돈을 원한다면, 집에서 한 시간 이내로 걷거나 운전해서 갈 수 있는 곳을 찾아, 마치 세계를 여행하는 사람처럼 둘러볼 수 있다. 한 번도 가본 적 없는 카페에서 주말 아침을 보내며 사람들을 관찰하는 것도 좋은 방법이다.

사랑하는 삶을 살기 위한 창의적인 선택지는 무한하다. 그러나 이러한 가능성을 열기 위해서는 현재의 재정 상황이 당신을 얽매고 있으며 부자가 되어야만 행복할 것이라는 믿음을 버려야 한다. 필수적인 필요를 충족할 만큼의 돈이 있지만 여전히 삶을 즐기지 못한다고 느낀다면, 단순히 돈이 부족한 것 이상으로 중요한 이유가 있을 가능성이 크다. 마음이 진정으로 원하는 일을 추구하기가 두렵다면, 부자가 되어야만 사랑하는 일을 할 수 있다는 믿음 뒤에 숨지 말고 마음을 솔직히 인정함으로써 평화를 찾을 수 있다. 당신은 능력과 자격이 충분하지만, 자원의 부족함을 진정한 두려움을 피하기 위한 핑계로 사용하고 있다면 부를 끌어들일 수 없다. 마음 깊이 원하는 일을 미루고 있다면, 그 이유를 자신에게 물어보라. 그 질문에 대한 답이 바로 기다려온 풍요로움을 우주로부터 받을 수 있도록 문을 열어주는 열쇠다.

9

건강하지 못한 관계는 놓아라

풍요로운 삶을 방해하는 두려움 중 하나는 다른 사람들이 시기할 것에 대한 두려움이다.

많은 사람이 돈이 부족한 것이 고통의 근본 원인이라고 믿는다. 부자가 되면 돈이 단지 그 존재만으로도 모든 문제를 해결해준다고 믿는 사람들의 부정적인 반응을 유발하리라 짐작할 수 있다.

사람들이 당신의 풍요로움을 부러워할 때, 무의식적으로 당신과 거리를 두거나 부자에 대한 부정적인 판단을 당신에게 투사할 수 있다. 당신이 더 많은 풍요로움을 끌어들일 때, 가까웠던 사람들이 거리를 두기 시작하는 것은 당신의 잘못이 아니니다.

부유한 개인으로 성장하는 과정은 더 이상 도움이 되지 않는 관계를 벗어나는 것을 포함한다. 만약 더 많은 풍요로움을 실현하면서 건강하지 않은 관계를 정리해야 한다면, 이는 아름다운 관계가 새롭게 피어날 공간을 만들기 위한 것임을 알아야 한다.

사랑하는 삶을 창조하는 것은 당신의 책임이지만, 실현한 삶에 대한 다른 사람들의 반응까지 통제할 수는 없다. 재정적으로 풍요로워지는 것은 아마도 관계에 큰 변화를 가져오겠지만, 이러한 변화는 긍정적이며 삶에 큰 기쁨을 가져올 것이다. 모든 관계는 선택이며, 만약 특정 사람들로부터 거리를 두어야 한다고 마음으로 느낀다면 직감을 신뢰해야 한다.

삶에서 가장 영향력 있는 관계 중 하나는 가족과의 관계다. 많은 사람이 어릴 적 가족과 아름다운 관계를 맺고, 성인이 되어서도 가족을 큰 사랑과 위로, 기쁨의 원천으로 삼는다. 그러나 건강하지 않은 가족 속에서 자란 사람도 있으며, 이들은 자신의 안녕을 위해 가족과 거리를 두는 것이 최선이라는 것을 배웠을 것이다.

영화, 뉴스, 책을 통해 사회가 종종 전달하는 메시지와 달리, 모든 사람이 가족에게서 안식처와 위로를 찾아 최고의 잠재력을 꽃피우는 것은 아니다. 일부는 가족 내에서 자신을 이방인처럼 느끼며, 성장하면서 경험한 것보다 더 깊고 진정한 연결을 갈망한다. 어떤 사람들은 자기 발견의 여정을 위해 가족과 잠시 거리를 두어야 할 수도 있다. 관계의 역학이 어떠하든 간에 당신에게는 항상 선택권이 있다.

인생에서 누구와 어떤 정서적 관계를 맺을지는 전적으로 당신에게 달려 있다. 안전하게 느끼고 사랑받는다고 느끼게 해주는 사람들에게로 다가가라. 누구든지 상관없다. 모든 관계가 강요된 것이 아닌 선택이라는 것을 깨달을 때, 당신은 힘을 얻게 된다. 진정으로 당신을 사랑하는 사람은 당신의 마음이 어디로 향하든 항상 당신을 지지할 것이다. 만약 누군가가 당신의 부에 불편함을 느끼면서도 그것을 극복하기 위해 최선을 다하고 있다면, 깊은 사랑과 존경에서 그러한 행동을 하는 것이다.

그러나 당신이 풍요로워질 때, 주변 사람들이 불친절하게 행동하고 그들에게서 사랑의 기운을 느끼지 못한다면, 그 관계를 재평가할 필요가 있다. 건강하지 않은 관계에 머무를 필요는 없다. 만약 논리와 직관, 꿈이 특정 사람이나 그룹과 이어진 에너지의 끈을 끊으라고 반복적으로 말한다면, 이유가 분명히 있는 것이다.

더 많은 부를 이룰수록 과거에 함께했던 사람들과 친밀한 관계를 유지하기 어려울 수 있다. 그 관계가 더 이상 당신에게 건강하지 않음을 마음 깊이 알고 있다면, 한때 가까웠던 사람과의 시간을 멈추는 것도 괜찮다. 이미 아름다운 영혼들과 가까운 관계를 맺고 있다면, 그들은 당신이 더 큰 풍요로움을 끌어들일 때 함께 성장할 것이다. 관계의 겉모습은 중요하지 않다. 중요한 것은 마음속 직관적인 느낌이다.

당신이 가꾸기로 선택한 관계는 당신이 만들어가는 삶에 커다란 영향을 미친다. 건강하지 않은 생활 방식과 무가치한 감정을 불러일으키는 사람들과 함께하면 진정으로 자유롭고 기쁜 삶을 창조할 수 없다.

당신 삶의 모든 관계는 더 큰 목적을 지닌다. 이 세상에 있는 동안, 당신의 영혼은 항상 배우고 있다.

도전적인 인간관계가 없었다면, 당신의 영혼은 원하는 방식으로 성장하지 못했을 것이다. 하지만 누군가의 도전적인 에너지가 과거에 당신의 성장을 도왔다고 해서 그들을 계속 곁에 둘 필요는 없다. 내면의 지침을 존중하고 신뢰하며, 관계의 외형보다 그것을 우선시해야 한다. 마음은 이미 삶에 빛이 되는 사람과 거리를 두어야 할 사람을 알고 있다. 더 이상 도움이 되지 않는 관계를 놓아주는 것은 자기 사랑을 실천하는 행위다. 건강하지 않은 사람들과 거리를 두면, 그들을 멀리서 사랑하며 당신의 영혼에 소중한 교훈을 준 것에 감사할 수 있다.

세상에는 당신이 삶의 모든 면에서 번영하기를 바라는 수많은 훌륭한 사람들이 존재한다. 마음이 어디로 향하든, 당신이 상상하는 것보다 훨씬 더 깊이 사랑받고 있음을 기억해야 한다. 만약 건강하지 않은 관계에서 벗어나고자 한다면, 당신의 마음이 갈망하는 방식으로 당신을 사랑하고 키워낼 많은 이들이 기다리고 있음을 기억해야 한다. 당신은 지금 있는 그대로 진정으로 사랑받을 자격이 있다. 당신은 그 자체로 신의 무한한 사랑의 독특한 표현이기 때문이다.

10

이 세상에 온전히 뿌리를 내려라

세상에는 무한한 풍요가 존재한다. 신이 수많은 축복을 나누고 싶어 함에도, 때로는 영적인 사람들이 재정적으로 어려움을 겪는 것을 보았을 것이다. 사랑으로 가득한 영적인 사람들이 왜 돈을 끌어들이는 데 어려움을 겪는지 궁금해한 적도 있을 것이다. 여기에는 역설이 존재하는데, 가능성에 대한 가장 깊은 내적 믿음을 가진 사람들이 종종 재정적으로 가장 묶여 있는 경우가 있다.

일부 영적인 사람들이 부를 얻는 데 어려움을 겪는 이유는 그들이 지구에 자신의 에너지를 뿌리내리는 데 어려움을 겪기 때문이다. 현재 존재하는 물리적 세계에서 무언가를 실현하기 위해서는 꼭 그곳에 에너지를 뿌리내려야 하며, 다른 의식의 차원에 머물러서는 안 된다.

에너지의 뿌리를 이 세상에 단단히 내릴수록 물질적 부를 더 쉽게 이룰 수 있다. 에너지를 땅에 잘 뿌리내리는 것은 풍요로운 삶을 창조하는 데 중요한 부분이다. 영적 영역에 접근하는 능력은 삶에 비전과 목적을 부여하는 선물이며 신의 메시지를 받은 뒤에는 그 에너지를 현실의 지구에 뿌리내려야 한다. 영감만으로는 부족하며, 행동 없이 단순히 성취를 기다리기만 해서는 안 된다. 무언가가 성장하기를 기다리는 시간도 필요하지만, 신성한 영감을 행동으로 옮겨야 할 때도 있다.

에너지를 지구에 뿌리내리기 어려워하는 사람들은 풍요를 이루는 것이 단지 의지를 다진 다음 통제를 벗어난 힘에 의해 그 비전이 실현되기를 기다리는 것이라고 믿는다. 이러한 믿음을 가진 사람들은 자신의 의지가 수백만 달러의 복권을 당첨시킬 것이라고 기대하기도 한다. 물론 극히 적은 수의 사람에게는 복권 당첨의 운명이 기다리겠지만, 대부분의 경우 부를 이루려면 더 적극적인 행동이 필요하다. 풍요로운 삶을 창조하려면 마음에서 받은 지침을 행동으로 옮겨야 한다. 일기 쓰기나 명상을 통해 신성한 지침을 받았으면서도 그것을 실행하지 않으면, 신은 당신이 원하는 부를 이루도록 도와줄 수 없다.

땅에 뿌리를 내리는 과정은 다른 영적인 사람들의 말과 반대되는 행동을 포함할 수도 있다. 스승들의 지침을 따르기보다는, 내면에 들어가 마음의 소리를 들어보아라. 이 생에서 당신만의 독특한 영혼의 길은 다른 사람들의 것과 다르다. 세상의 물질적이고 육체적인 즐거움을 누리는 데서도 아름다움을 발견할 수 있다. 고기를 먹고, 성생활을 하고, 술을 마시고, 운동을 한다고 해서 비(非)영적인 사람이 되는 것은 아니다.

    풍요로운 삶을 창조하고 싶다면, 부유한 미래의 자신이 할 법한 행동을 해야 한다. 명상에 들어가 부유한 미래의 자신의 하루를 시각화해보라. 그 일상은 어떤 모습인가?

    미래의 자신이 할 법한 일상적인 활동을 하면서 어떤 기분이 드는가? 부유한 미래의 삶 속 일상 습관을 현재에 더 많이 가져올수록 풍요를 빨리 실현할 수 있다. 특정한 직업을 가지면 풍요로워질 수 없다는 규칙은 존재하지 않는다. 만약 마음이 원한다면 부유한 치유자나 예술가로서 살 수도 있다. 현대 기술 덕분에 부유한 치유자와 예술가들이 과거보다 훨씬 많아졌으며, 시간이 지나면서 그 수는 더욱 늘어날 것이다.

풍요는 상위 차크라*와 하위 차크라 사이의 균형을 찾는 사람들에게 온다. 사람들은 요가나 명상을 하고, 크리스털이나 타로카드를 읽는 등의 영적 활동을 통해 우주와 자신의 영혼으로부터 비전을 받는다. 이러한 비전은 자신이 지구에 존재하는 이유와 자신의 독특한 재능, 그리고 사랑하는 삶을 창조하는 방법에 대한 청사진을 제공하고, 이러한 비전을 받으면 꿈의 삶을 실현하기 위해 행동해야 한다.

미래의 자신이 할 법한 규칙적인 일상의 습관들을 행하고, 영양가 있는 음식을 섭취하며, 창의성을 표현할 수 있는 유희를 찾는 것이 지구에 에너지를 뿌리내리고 이상적인 비전을 물질적으로 실현하는 방법이다. 이러한 상위 및 하위 차크라 활동은 예시일 뿐이며, 당신에게 꼭 맞는 것은

* 산스크리트어로 바퀴, 순환이라는 뜻으로 인체의 여러 곳에 존재하는 정신적 힘의 중심점을 이른다.

아닐 수 있다. 오직 당신만이 마음이 어디로 안내하는지 알 수 있으며, 부끄러운 부분을 포함한 모든 부분의 자신을 표현하기를 허락하는 것이 중요하다.

자기 사랑의 중요한 부분은 자신의 모든 욕망을, 그게 영적이든 지적이든, 성적이든 물질적이든 간에 정직하게 인정하는 것이다. 모든 욕망에는 이유가 있으며, 자신을 부정하지 않고 사랑하게 되면 풍요가 봄철에 눈 덮인 산을 따라 흐르는 맑은 물처럼 자연스럽게 삶으로 흘러드는 것을 발견하게 된다.

Your unique soul path in this
lifetime is different from
everybody else's.

이 생에서 당신만의 독특한 영혼의 길은
다른 사람들의 것과 다르다.

11

당신은 아름다운 인생을
누릴 자격이 있다

자기 자신을 사랑하기로 선택하는 것은 꿈의 삶을 실현하기 위해 필요한 모든 재화를 끌어들이는 최고의 방법이다. 자신을 사랑하면, 자신의 마음이 전하는 메시지를 신뢰하고 직관에 따라 행동하게 된다. 스스로 만들어낼 수 있는 아름다운 삶을 살 자격이 자신에게 있다는 것을 알게 되기 때문이다.

세상에는 자기 사랑이 이루기 어려운 목표라는 믿음이 만연하다. 하지만 진실은, 자기 사랑이 가장 자연스러운 상태라는 것이다. 본래 자아의 순수한 상태는 사랑으로 가득했으며, 지금 그렇게 느끼지 못하는 이유는 당신이 자신이 누구인지 잊었기 때문이다. 당신은 신의 무한하고 신성한 사랑이 독특하고 유일무이한 형태로 나타난 존재다.

당신은 무조건적인 사랑으로 이뤄진 자비로운 신의 자녀이며, 신은 당신이 번영하기를 원한다. 신이 당신에게 보내는 사랑은 끊임없이 이어지는 빛의 흐름으로 당신과 연결되어 있다. 신이 당신을 사랑하는 것을 멈출 수 있는 일은 없다. 이러한 사랑을 느낀다면, 신이 주고자 하는 모든 축복을 받을 자격이 당신에게 있다는 것을 깨달을 수 있다.

신은 당신이 진정으로 행복해하고 아이 같은 기쁨으로 가득 차기를 원한다. 삶의 일부를 포기한 채 다른 방식으로 축복받았으니 괜찮다고 여길 필요는 없다. 아직 이루어지지 않은 소망이 마음속에 있다고 인정하는 것은 이미 가진 것에 대한 감사를 잊는 것이 아니다. 현재의 삶을 사랑하면서도, 마음의 소망을 미래에 실현하기를 기대하는 것은 매우 훌륭한 일이다.

자신을 사랑하는 것의 일환으로, 마음의 모든 소망을 포용해야 한다. 그중 일부가 중요하지 않거나 현실적이지 않다고 스스로를 설득할 필요는 없다. 신은 당신의 소망 중 절반만을 충족시킬 수 있다고 생각하지 않는다. 무한하고 무조건적인 사랑을 지닌 우주에게는, 사랑스러운 가족을 이루도록 돕는 것과 사랑스러운 가족을 이루고 부유해지도록 돕는 것 사이에 차이가 없다.

당신은 이 아름다운 지구에서 살아가는 것만<u>으로도</u> 안전함과 커다란 기쁨을 누려야 하는 아름다운 영혼이다. 당신은 언제나 무조건적인 사랑을 받고 있으며, 신이 당신을 사랑하는 것을 멈추게 할 수 있는 일은 결코 존재하지 않는다. 이제 과거의 무게를 내려놓고, 행복할 자격이 없다는 오래된 믿음을 버릴 때다. 행복은 당신이 다른 아름다운 영혼들과 교류할 때 그들 안의 최선을 이끌어내는 영감의 빛이다.

만약 당신이 마음을 완전히 열고 신의 풍요로움을 받아들이는 것을 두려워한다면, 그것은 아마도 어린 시절에 배운 신념의 한계 때문일 것이다. 어린 시절, 당신은 내면의 빛을 자유롭게 표현하도록 어떤 자기 제한도 없이 태어났다. 사랑의 빛을 타인의 무의식적인 어둠에 비추면서 그것을 드러냈기에, 자신이 그 어둠의 근원이라고 믿게 되었을지도 모른다. 그로 인해 자신도 모르게 세상으로부터 내면의 빛을 숨기고, 자유로운 어린아이 같은 기쁨을 어둠과 연관시켰을 수 있다.

당신이 어린 시절 겪었던 어둠은 결코 당신의 잘못이 아니다. 당신이 세상의 많은 고통을 경험하며 자라난 것은 당신의 잘못이 아니다. 세상의 어둠에 사랑의 빛을 비추는 것이 당신만의 독특한 선물이다. 마음을 완전히 열 때, 당신은 신의 무한하고 무조건적인 사랑이 흐르는 순수한 통로가 된다. 지금까지의 인생 여정은 당신이 어린 시절 존재했던 순수한 상태로 돌아가도록 안내해왔으며, 사랑이 당신의 본질임을 내적으로 깨닫고 인식하게 했다.

　마음의 모든 소망은 그 실현이 당신과 세상에 커다란 기쁨을 가져다주기 때문에 당신 안에 놓여 있다. 당신이 마음의 모든 소망을 이룰 때, 세상은 엄청난 혜택을 얻는다. 당신이 스스로 멋진 인생을 누릴 자격이 없다고 결정할 때, 그 결정은 누구에게도 도움이 되지 않는다. 당신은 마음의 모든 소망을 이룰 자격이 있으며, 그것들은 당신에게 다가올 것이다. 당신이 아름다운 삶을 누릴 자격이 있다고 깨달을 때 말이다.

PART III

열매를 수확하라

12

신성한 상처 치유하기

당신의 삶에 존재하지 않는 행복을 돈으로 가져올 수는 없다. 부유해지기 전에, 내면으로 들어가 더 많은 돈이 삶을 구원할 것이라고 믿는 숨겨진 이유를 찾아야 한다. 풍요로워지는 것은 아름다운 일이지만, 그것이 마음의 꿈을 실현하기 위해 필요한 내면의 작업을 대신할 수는 없다.

몇몇 사람들은 부의 추구를 내면의 그림자를 마주하는 것을 피하기 위한 수단으로 사용한다. 기본적인 필요를 충족할 만큼의 돈이 있어도 여전히 돈 때문에 고통받는 사람들은 더 많은 돈이 더 많은 문제를 해결해줄 것이라고 자신을 위로한다. 돈의 부족을 불행의 원인으로 돌리는 것이 고통의 근본 원인을 치유하기 위한 내면의 고통스러운 작업보다 종종 더 쉽고 편안하게 느껴지기 때문이다.

돈은 창의성을 제한 없이 표현할 자유를 제공함으로써 삶에 기쁨을 가져다줄 수 있지만, 당신의 영혼이 지구에 온 이유인 내면의 작업을 대신할 수는 없다. 진정한 부를 경험하고 싶다면, 내면으로 들어가 신성한 상처를 치유해야 한다.

당신의 영혼은 지구에 태어나기 전에 신성한 상처를 경험하기로 선택했다. 이 상처를 치유하는 것은 당신의 독특한 재능을 완전히 표현하는 마지막 단계다. 당신은 단지 살아 있다는 이유만으로 충만한 기쁨을 느끼기 위해 태어났으며, 당신이 태어난 그대로의 빛나는 태양이 되기 위해 해야 할 일은 신성한 상처를 치유하는 것이다.

왜 당신은 자신으로부터 도망치고 있는가?

If you want to experience true
wealth, you must go within and
heal your divine wound.

❖

진정한 부를 경험하고 싶다면,
내면으로 들어가 신성한 상처를 치유해야 한다.

이 질문에 대한 답이 당신이 일생을 기다려온 진정한 기쁨을 얻기 위한 열쇠다.

내면의 그림자를 마주하지 않으면, 진정한 행복은 부유해지고 찬사받고 사랑받는 것과 무관하게 당신에게서 멀어질 수 있다. 황홀한 기쁨을 경험하려면, 당신만의 독특한 재능을 펼치기 위해 내면의 그림자를 마주해야 한다. 자신이 무엇을 피하고 있는지, 신성한 상처를 치유하기 위해 무엇을 해야 하는지 당신만이 알고 있다. 왜 당신은 마음 깊숙이 원하는 모든 보물을 담은 그 장소를 피하고 있는가?

신은 당신의 자아가 상상할 수 있는 것보다 훨씬 더 무한한 사랑을 주고 있다. 내면의 그림자가 아무리 어둡고 무서워 보여도 신은 항상 당신을 지지한다. 신의 가장 어두운 생각과 에너지도 결국 사랑으로 이루어져 있지만, 그것은 종종 그 모습을 감춘다. 당신은 자애로운 신의 품 안에서 살고 있으며, 신은 당신의 영혼이 내면의 그림자와 마주하고 신성한 상처를 치유함으로써만 배울 수 있는 교훈을 마련해두었다. 이러한 내면의 작업이 끝난 뒤에는 언제나 부가 기다리고 있지만, 그러기 위해서는 먼저 당신만의 독특한 부의 길을 용기 있게 걸어야 한다.

당신의 영혼은 이번 생에서 신성한 상처를 고의적으로 선택했다. 이러한 상처를 발견하고 치유하는 여정을 통해서만 독특한 재능을 완전하게 표현할 수 있게 된다. 내면으로 들어가 그림자와 마주해야만 그 보물을 찾을 수 있다. 마음은 항상 길을 알고 있지만, 두려움이 당신으로 하여금 길을 몰라보게 할 수도 있다. 만약 자아가 내면의 그림자를 마주하는 방법을 모르는 척한다면, 그것은 아마도 알고 있지만 두려워서 실행하지 못하고 있기 때문일 것이다.

내면의 그림자를 마주하고 신성한 상처를 치유하면, 당신은 완전히 구현된 영혼으로서 어디를 가든 빛을 발할 것이다. 완전히 구현된 영혼으로 존재하는 것만으로도 자아가 상상하는 것보다 훨씬 많은 사람을 도울 수 있다. 영혼의 빛은 어디를 가든 따뜻한 사랑의 포옹을 방출하는 태양과 같은 존재다.

완전히 구현된 영혼으로 세상에 모습을 드러내기 시작하면, 어떤 사람들은 자극을 받을 수 있다. 자신의 진정한 모습을 숨기고 가짜 인격을 채택해야만 살아남을 수 있다고 믿는 이들에게는 누군가가 진정한 자아로 사는 모습을 보는 것이 도전이 될 수 있다. 자극받은 사람들은 억압된 자신에 대한 생각을 당신에게 투사하여 상처 주는 말을 할 수도 있다. 다른 사람의 투사는 결코 당신의 개인적인 문제가 아님을 잊지 말아야 한다.

사람들은 가면 뒤에 숨어 누군가의 진정한 존재감에 자극받을 수 있지만, 내면 깊은 곳에서는 자신에게도 진정한 모습을 드러낼 용기가 있기를 바란다. 이러한 부정적인 투사에 대응하는 가장 좋은 방법은 그것이 삶의 어느 시점에서 대부분의 사람이 겪는 내적 갈등의 결과임을 기억하며 사랑과 연민으로 그들을 바라보는 것이다.

자아가 돈을 원하는 욕망은 영적 깨달음을 위한 강력한 촉매제로 작용할 수 있다. 돈이 많아지면 행복해질 것 같지만, 자신이 아닌 다른 사람의 역할을 연기하며 부를 쌓으면 진정한 만족을 얻을 수 없다. 만약 가면을 쓰고 얻은 부라면 진정한 자아는 갇힌 채로 가짜 자아가 인정받는 것이기에, 풍요롭고 기쁜 삶으로 가는 길은 오직 영혼의 빛을 세상에 용감하게 드러내는 데 있다.

삶에서 더 많은 돈을 원한다면, 내면의 그림자와 마주하고 신성한 상처를 치유하는 데 집중해야 한다. 내면 치유를 무시하고 진정한 자신을 숨기면서까지 단순히 더 많은 돈을 끌어들이는 데만 집중한다면 불만족스러운 삶을 살게 될 것이다. 당신은 순수한 빛의 영혼이며, 일시적으로 인간 경험을 하고 있다. 지상의 천국을 마음에 구현하려면 모든 가면을 벗고 진정한 자신으로 살아야 한다.

현재 당신이 살고 있는 세상은 놀이터와 같으며, 진정한 자아를 깨달으면 신의 무한한 사랑이 살아 있는 매 순간 몸을 흐르는 황홀함을 느낄 수 있을 것이다. 진정한 자아를 깨달은 뒤엔 영혼이 창조할 수 있는 것에 한계가 없다. 이 상태에 도달하면, 마음의 소망을 이루기 위해 필요한 모든 돈을 쉽게 이끌어낼 수 있다. 진정으로 부유해진다는 것은 은행 계좌에 특정 금액을 채우는 것이 아니다. 마음의 소망을 이룰 만큼의 돈을 가지는 것이다.

어떤 사람은 비전을 실현하기 위해 수백만

달러가 필요하다고 느낀다. 이와 달리 어떤 사람은 돈이 전혀 필요하지 않다. 비전의 외적인 모습은 중요하지 않으며, 특정한 물질적 소유에 집착하기보다는 마음속에 그리는 꿈의 삶을 창조하는 데 집중해야 한다. 만약 마음이 원하는 것이 숲속의 단순한 삶이라면, 교외의 큰 집을 소유하는 것은 기쁨이 되지 않는다. 반대로 마음이 원하는 것이 교외의 큰 집이라면, 숲속의 단순한 삶이 기쁨이 되지 않는다. 삶의 외적인 모습은 다양하며, 그 사람에 대해 아무것도 알려주지 않는 허상이다. 마음에 귀 기울여 얼마나 많은 돈이 필요한지를 결정할 수 있는 사람은 오직 자기 자신이다.

진정한 행복과 풍요를 느끼기 위해서는 외부가 아닌 내부에서 인정받아야 한다. 영혼 수준에서 자신이 누구인지 알고 있다면, 타인의 반응은 중요하지 않다. 진정한 자아를 깨달으면, 다른 사람의 투사에 반응하지 않게 된다. 스스로를 빛나는 영혼으로 볼 때, 아무도 당신을 흔들 수 없으며 진정한 자유를 얻게 된다.

　부자가 되고 싶은 이유는 깊은 내면에서부터 영혼의 빛을 표현하고자 하는 욕망 때문이다. 단 하나의 가면도 쓰지 않은 채 온전히 구현된 영혼으로 존재하는 것만큼 만족스러운 것은 없다. 자아를 넘어 진정한 자신을 깨닫는 사람들은 자신의 삶과 주변 세계를 긍정적으로 변화시킨다. 진정한 자아를 구현하면, 당신의 존재는 다른 사람들의 깨달음을 촉진하는 촉매가 되고, 마음이 원하는 모든 것을 끌어당긴다.

Those who wake up to who
they truly are beyond their ego
dramatically transform their life
and the world around them for
the better.

자아를 넘어
진정한 자신을 깨닫는 사람들은
자신의 삶과 주변 세계를
긍정적으로 변화시킨다.

13

당신만의 고유한 재능을
온전히 표현하라

지구는 지금 깊은 영적 각성을 겪고 있다. 인류 역사상 이토록 많은 영혼이 동시에 진정한 자아를 깨닫는 것은 처음일 것이다.

당신이 의식하지 못하는 동안, 부에 대한 욕망은 당신을 아름다운 영적 여정으로 이끌었다. 당신은 풍요로운 삶을 향해 나아가고 있을 뿐만 아니라, 지구에서 삶을 창조하고 놀이를 즐기기 위해 태어난 영원한 영혼임을 깨닫고 있다. 돈에 대한 욕망이 영적이지 못하다는 집단적 믿음을 넘어서면, 그것이 깨달음의 강력한 촉매제가 될 수 있음을 이해하게 될 것이다. 자신의 진정한 모습을 더 깊이 인식할수록, 꿈의 삶을 실현하는 데 필요한 부를 더 쉽게 끌어들일 수 있다. 부자가 되려는 자아의 욕망을 영적 깨달음을 위한 연료로 삼아라. 당신의 영혼은 신의 무한한 지혜와 깊게 연결되어 있으며, 풍요로운 삶을 실현하는 가장 좋은 방법을 알고 있다.

만약 직관을 무시하고 자아의 목소리를 따라 부자가 되려 한다면, 다른 부자들이 해온 일을 그대로 따라 하려고 하면서 영혼과 자아 사이에 긴장이 생길 것이다. 자아는 인간이 세상에 존재하고 활동할 수 있게 해주는 아름다운 도구지만, 본질은 아니다. 당신의 진정한 모습은 무한한 사랑의 영혼으로, 인간 경험을 일시적으로 선택한 존재다.

영혼은 자아보다 훨씬 지혜롭지만, 두 존재는 지구에서 살아가는 동안 서로를 필요로 한다. 자아를 없애려 하기보다는, 영혼의 최고 잠재력을 일깨우는 파트너로 인식하라. 자아를 행복을 방해하

Your soul has the vision of the life it wants to manifest, and your ego helps manifest that visin on earth.

영혼은 실현하고자 하는
삶의 비전을 가지고 있으며,
자아는 그 비전을 지상에서 실현하는 데
도움을 준다.

는 적이 아닌, 영혼의 강력한 도구로 바라보라. 영혼은 실현하고자 하는 삶의 비전을 가지고 있으며, 자아는 그 비전을 지상에서 실현하는 데 도움을 준다.

이 관계를 바라보는 좋은 방식은 삶을 빈 캔버스, 자아를 붓, 영혼을 화가로 상상하는 것이다. 화가는 붓으로 그림을 그리지만, 붓은 단지 도구일 뿐이다. 자아 역시 영혼이 아름다운 삶을 창조하기 위해 사용하는 도구일 뿐이다. 자아는 이 파트너십을 사랑할 것이다. 이 동적 관계를 통해 기쁨으로 가득한 삶을 경험하기 때문이다.

당신의 영혼은 중요한 임무를 지니고 지구에 왔으며, 그 임무의 일부는 마음속 꿈의 삶을 살기 위해 필요한 모든 풍요를 실현하는 것이다.

지금까지 당신이 삶에서 경험한 모든 것은 세상에 당신만의 독특한 선물을 나누기 위한 준비 과정이었다. 당신의 영혼은 지구에 태어나 이 행성의 집단적 주파수를 높이는 데 기여하기로 선택했다. 당신의 마음이 원하는 모든 것은 지구가 새로운 의식 단계로 진화하는 데 도움을 주기 위한 더 큰 계획의 일환이다. 당신의 마음속 욕망은 그 자체로 이유가 있으며, 비록 겉보기에는 당신에게만 이익이 되는 것처럼 보여도 그렇다.

당신은 주파수와 진동의 세계에 사는 존재다. 무엇을 하느냐는 중요하지 않다. 중요한 것은 당신이 발산하는 에너지다. 진정으로 행복해할 때마다, 당신은 세상에 긍정적인 영향을 미치는 에너지를 전파한다. 그 에너지는 당신이 결코 만나지 않을 사람들에게도 영향을 미친다.

만약 마음이 꿈꾸는 삶이 외딴곳의 농장에서 자급자족하며 은둔자로 사는 것이라면, 그 꿈을 이루는 것 역시 공동체에 아름다운 영향을 미친다. 당신이 성장하면서 부정하거나 억누르도록 배운 욕망이야말로 세계가 가장 필요로 하고 당신이 추구하기를 바라는 것일 가능성이 크다. 돈을 더 많이 벌고자 하는 마음의 욕망도 결국 모두에게 이익이 된다. 비록 그 돈을 자신을 돌보는 데만 쓴다 해도 그렇다. 중요한 것은 마음을 따르는 것이다, 그것이 어디로 이끌든지 간에.

자기 사랑은 풍요로운 삶을 창조하는 열쇠이다. 진정으로 자신을 사랑할 때는, 결코 그 사랑이 누구를 해치지 않을 것이다. 왜냐하면 직관은 항상 당신과 다른 이들에게 최고의 결과를 가져오기 때문이다. 직관을 통해 당신이 태어날 때부터 가지고 있던 독특한 선물을 완전히 표현함으로써, 그것은 풍성한 수확으로 변하게 된다. 지구에 와서 나누어야 할 고유한 치유의 힘을 나누어줄 수 있는 사람은 오직 당신뿐이다. 당신의 유일한 책임은 이 세상에 영혼의 빛을 온전히 드러내는 것이다.

When you genuinely love
yourself, you can never hurt
anyone because what your
intuition guides you to do is
always the best thing you can do
for yourself and others.

진정으로 자신을 사랑할 때는,
결코 그 사랑이
누구를 해치지 않을 것이다.
왜냐하면 직관은
항상 당신과 다른 이들에게
최고의 결과를 가져오기 때문이다.

직관의 길을 걷기 위해
지금 바로 실천하면 좋을

GUIDE

실전 명상 가이드

당신이 발산하는 아름다움을 기억하라

 우리가 자신이 아닌 다른 누군가가 되려는 필요를 내려놓을 때, 오로지 본연의 모습으로 존재함으로써 자연스럽게 독특한 에너지를 발산한다. 사회는 때로 사랑받기 위해 자신이 아닌 누군가가 되어야 한다고 가르칠지 모른다. 그러나 우리가 이미 무한한 가치를 지니고 태어났다는 사실을 기억하면 안도할 수 있다. 이 사실은 결코 변하지 않는다.

삶은 자기를 기억하는 여정이다. 우리는 자신이 아닌 거짓된 층을 하나씩 벗겨내며, 본래의 자신을 다시 발견해 나간다. 본연의 모습으로 존재할 때 자연스럽게 발산하는 에너지는 다른 이들에게 깊은 자양분을 선물한다. 당신의 존재는 태양과 같아서, 표현하고 있는 사랑으로 늘 주변 사람들을 고양시킨다.

때로 마음이 외부 사회를 바라볼 때 당신의 아름다운 에너지를 의심할 수 있지만, 그 모든 것은 환상일 뿐이다. 진실은 마음속에서 느껴지며, 당신이 얼마나 멋진 존재인지를 부드럽게 드러낸다.

2

자신의 길을 벗어나라

자신을 조건 없이 신뢰할 때, 삶에는 평화의 흐름이 깃든다. 언제 행동해야 하고, 언제 휴식을 취해야 하는지 알려주는 지식은 내면에 항상 존재한다. 이 내면의 안내를 따르는 것이 삶에 명료함과 균형을 가져다준다.

지금 걷는 길을 벗어난다는 것은 이미 무엇을 해야 할지 알고 있는 영원한 자신을 신뢰하는 것이다. 신성한 영감의 흐름이 멋진 삶으로 인도하는 독특한 길을 걸어가라.

우주는 항상 당신의 영혼이 태어난 그대로 완전히 구현되어 성장할 수 있도록 돕기 위해 필요한 사람들과 아이디어, 여건을 보내고 있다. 삶이 당신을 타고난 최고 잠재력의 길로 이끌고 있음을 신뢰하라. 당신은 이미 그 길을 용기 있게 걸으며 멋진 일들을 하고 있다.

당신의 삶은 이미 조화롭다. 당신은 이 말을 듣고 항상 존재했던 신성한 상처 치유의 기적을 기억해냄으로써 마음이 원하는 모든 것을 가장 쉬운 방법으로 실현할 수 있다.

3

즐거운 삶을 내면에서 밖으로 드러내라

　당신이 살고 있는 세상은 숨이 멎을 만큼 아름답다. 걱정을 잠시 내려놓으면, 이 지구가 이미 하나의 천국임을 발견할 수 있다. 지속적인 기쁨은 주변에 존재하는 아름다움을 인식하는 데서 온다. 가장 큰 착각은 외부의 무언가가 당신이 원하는 감정을 줄 수 있다고 믿는 것이다.

　진실을 아는 조용하고 지혜로운 내면으로 돌아가라. 내면의 평화를 경험하기 위해서 자아가 필요하다고 말하는 믿음이나 사람, 상황은 사실 불필요하다. 지속적인 기쁨은 관점의 변화에서 비롯된다. 당신이 늘 지녀왔던 아름다움을 기억하는 것이 꿈의 삶을 실현하는 방법이다. 이미 여기 존재하는 아름다움을 바라보면, 마음이 원하는 모든 것에 마치 마법처럼 끌리게 되고, 이는 꿈꾸던 삶의 실현을 포함한다.

주변을 고요하게 하고
내면의 소리를 우선시하라

당신의 내면에는 언제나 다음에 무엇을 해야 할지를 아는 조용한 목소리가 있다. 외부에서 답을 찾으려 하면, 무엇을 해야 하고 어떤 가치를 우선시해야 하는지에 대한 무수한 의견만 접할 것이다. 영혼이 왜 지구에 태어나기로 선택했는지는 오직 당신만이 알기 때문에, 내면에서 지침을 찾아야 한다.

물론 다양한 정보원이 영혼의 메시지를 반영

할 수 있지만, 항상 원천에서 듣는 것이 가장 좋다. 당신은 이미 가장 중요한 답을 지닌 지혜로운 존재다. 현대 과학은 인류의 경이로운 발전을 돕고 있으며, 당신은 치료사, 개인 트레이너, 의사 등 다양한 전문가들에게 도움을 받고 있을 것이다. 그럼에도 가장 중요한 답은 오직 내면에서 찾을 수 있다.

특히 '어떤 삶을 살고 싶은가'와 같은 중요한 질문의 답은 오직 내면에서 찾아야 한다는 점을 기억하자. 직관을 우선시하면서도 타인의 도움을 기꺼이 수용할 때, 모든 것이 하나로 연결되는 신성한 조화와 인도를 경험하게 될 것이다.

진정한 성공은 내면에서 발견된다

사회에서 인정받는 욕망을 좇기보다, 내면으로 들어가 마음이 원하는 것을 들어야 한다. 행복하기 위해 필요하다고 믿어온 것이 마음이 진정으로 열망하는 것과 일치하지 않을 수 있다. 오랜 시간 좇아온 잘못된 욕망을 내려놓는 것은 실패가 아니다. 사회적 기준에 부합하는 성공을 추구하는 대신 단순한 삶을 선택해도 괜찮다. 마음의 소망만이 진정 지속가능한 행복을 가져다줄 수 있다.

사회는 종종 성공이 재산과 영향력의 증가에 있다고 말하지만, 이와 같은 성장은 마음이 원하는 것이 아닐 가능성이 크다. 진정한 행복을 위해 필요한 모든 것은 이미 당신 앞에 존재하고 있다. 문제는 그것을 볼 수 있는가다. 모두에게 풍부하게 주어진 대지의 선물에 감사하기 시작하면 엄청난 아름다움과 평화가 찾아온다.

　당신의 영원한 영혼은 언제나 순수하고 무조건적인 사랑으로 당신을 지켜보며, 당신이 인간의 삶이라는 선물에 완전히 감사하기를 원한다. 인간으로 사는 삶의 가장 아름다운 점은 바로 '당신이 당신'이라는 사실이다. 사회가 말하는 '성공'을 이룬 다른 사람을 모방하는 대신, 마음을 기쁨으로 노래하게 하는 것들에 감사하는 데 집중해야 한다. 자신이 태어난 그대로를 사랑하며, 자기 자신이 아닌 누군가가 되려 하지 않는 것이 아름다움이다.

　나무마다 고유한 느낌과 외양을 가진 것처럼,

당신의 본질도 독특하며 당신을 둘러싼 모든 생명에 자양분을 제공한다. 완전해지기 위해 무언가를 얻어야 한다는 생각을 내려놓아라. 모든 불완전함을 포함한 당신은 이미 온전하다.

진정한 자기 사랑은 스스로의 독특한 재능을 인정하는 것이지 사회적 성공을 이루고 세상을 변화시키는 것이 아니다. 진정한 자기 사랑은 지금의 자신, 그리고 주변과 사랑에 빠지는 것이다. 야망과 개인적 성장도 필요하지만, 자신을 더 사랑하기 위해 성공이 필요하다는 무의식적인 믿음 때문이 아니라 발전 그 자체의 기쁨을 위해 추구하는 것이 가장 좋다.

당신은 이미 존재만으로도 세상을 아름답게 만드는 신성한 기적이다. 당신은 이미 당신이 되고자 하는 아름다운 치유자이자 예술가다. 지금 당신 주위의 세계는 풍요로우며, 독특한 씨앗에서 멋진 나무로 성장하는 당신을 사랑으로 지지하고 있다.

나무가 씨앗일 때나 천 년 이상 된 거대한 레드우드일 때나 자기 자신을 사랑하는 마음은 변함없어야 한다는 것을 잊지 말라.

마음의 소망을 실현해가는 인생은 즐겁다

 삶에서 더 많은 풍요를 이루기 위해 억지로 무언가를 할 필요는 없다. 자연스럽고 쉽게 다가오는 것들이야말로 세상이 가장 필요로 하는 것이다. 당신의 에너지는 선물이며, 생계를 위해 뭔가 해야 한다고 믿었던 잘못된 생각을 내려놓을 때, 단지 자신으로 존재하는 것만으로 충분함을 깨달을 것이다.

 삶은 즐거워야 한다. 사랑하는 일을 하면서도

편안하게 살 수 있으며, 열정을 나누면 부가 따라온다는 믿음은 비현실적이지 않다. 삶은 당신의 마음을 울리는 것들로 채워가는 빈 캔버스다.

마음의 꿈이 실현된 삶은 어떤 느낌일까? 이 순간 꿈의 삶이 어떤 기분을 가져다줄지 상상하는 데 집중하면, 그 기분을 가져다줄 현실을 끌어들이는 자석이 될 수 있다.

우리는 주파수와 진동의 세계에 살고 있다. 당신의 감정은 특정한 사람과 경험, 그리고 물건을 삶에 끌어들이도록 특정 주파수의 진동을 설정하는 공명기와 같다. 당신의 감정을 꿈꾸는 삶의 주파수에 정확히 맞출수록, 꿈의 삶은 물질세계에서 빠르게 구현될 것이다.

이 순간 충만함에 집중할 수 있다면 당신의 삶은 아름다움, 기쁨, 사랑, 그리고 즐거움으로 가득 찰 수 있다. 미래의 행복을 기다리지 말고, 지금을 즐기는 능력을 되찾아야 한다. 당신은 당신 삶의 저자이자 감독, 그리고 창조자다. 지금이야말로 태어날 때부터 지니고 있던 신성한 힘을 되찾을 때이다.

이 말을 믿지 않아도 무방하다. 실험 삼아 마음의 소망이 이루어졌을 때 느끼리라고 기대하는 감정에 대해 명상해보라. 모든 꿈과 욕망이 실현된 상태를 상상해보라. 명상하는 짧은 시간 동안, 마음이 원하는 모든 사람, 경험, 물건이 이미 곁에 있는 상황을 떠올려보라.

모든 마음의 소망이 충족되었을 때, 당신의 몸은 어떻게 느끼는가? 가장 큰 기쁨이 느껴지는 곳은 어디인가? 매일 아침이나 저녁에 이 간단한 명상을 반복하면, 하루에 단 3분만 투자해도 삶을 깊이 있게 변화시킬 잠재력을 가질 수 있다. 새로운 삶을 위한 모멘텀을 만드는 일은 단순하며, 지금 바로 시작할 수 있다.

한계 지어진 과거의 이야기를 미완성 상태로

남겨두어도 괜찮다. 과거의 모든 문제를 해결해야만 마음의 삶을 시작할 수 있는 것은 아니다. 현재 직면한 이야기가 즐겁지 않다면, 모든 장을 마무리하지 않고도 책을 내려놓을 수 있다.

물론 현재 삶에서의 책임은 다해야 한다. 하지만 원하지 않는 이야기를 계속 써 내려갈 이유는 없다. 미래의 어느 순간에 행복해지기를 기다리기보다는, 지금 느끼기를 원하는 감정에 집중하라. 당신은 삶을 창조하는 일에서 자아가 인식하는 것보다 훨씬 강력한 존재임을 경험을 통해 깨닫게 될 것이다.

당신이 사는 세계는 지금까지의 경험이 암시하는 것보다 훨씬 더 유연하다. 마음이 원하는 것이 당신을 더 나은 삶으로 이끌고 있다는 것을 믿어라. 이 글에 도달한 것에도 필연적인 이유가 있으며, 이제는 항상 꿈꿔왔던 삶을 살 때다.

… 7

모든 가능성에 마음을 열어라

처음에 가려고 했던 삶을 내려놓고, 진정으로 가야 할 곳으로 나아갈 시간이다. 당신은 타고난 그대로의 삶을 살 준비가 되어 있다.

만약 미래를 상상하는 데 어려움이 있다면, 그것은 우주가 당신에게 놀라게 하기 위함일 것이다. 최고의 영화와 책은 결말을 알 수 없지만, 이야기의 끝에 만족감을 준다.

미래는 당신의 자아가 아직 상상하지 못하는

창의성과 기쁨을 선사할 새로운 기회를 품고 있다. 자아가 미래를 볼 수 없는 이유는, 당신이 누구도 걸어본 적 없는 독특한 길을 걷고 있기 때문이다. 다른 사람의 길을 따라가려는 시도를 멈추면, 당신만의 독특한 길의 방향이 뚜렷해질 것이다. 마음이 이끄는 대로 한 걸음씩 내딛는다면, 목적지가 어딘지 몰라도 괜찮다.

미래가 어떨지 모른 채 아름다운 미래를 실현하려면, 그 미래가 어떤 감정을 줄 것인지 명확히 해야 한다. 마음이 꿈꾸는 삶에서 느낄 감정을 지금 느낄 수 있다면, 마음은 원하는 모든 것을 사로잡는 매력을 발휘하게 된다.

자아가 오랫동안 행복이라고 믿어왔던 것들은 어쩌면 마음이 원하는 것과 다를지 모른다. 자아가 원하고 있지만 인식하지 못하는 아름다운 사람과 경험이 지금 다가오고 있다면 어떨까?

이미 당신을 지지하는 선한 힘이 많다. 그러나

먼저 미래의 축복이 어떤 모습일지 당신이 미리 설정해둔 믿음을 내려놓아야 한다. 그리고 미래의 자신을 상상할 때 느껴지는 마음 깊이 충만한 감정을 신뢰해야 한다. 지금 꿈의 삶을 생생히 느낄 수 있다면, 그 감정을 줄 수 있는 사람과 경험, 그리고 요인을 끌어들이게 될 것이다.

외부 세계는 당신의 내면에서 일어나는 일을 반영한다. 미래의 자신이 경험할 충만함, 즉 주파수를 찾을 수 있다면, 그 에너지를 현재에 뿌리내릴 수 있다. 그 주파수에 모든 주의를 집중하면, 거울에 해당하는 외부 세계는 그에 맞게 재배열된다.

가장 높고 즐거운 주파수는 자기애다. 자기애는 자아, 마음, 몸, 그리고 영혼에 대한 순수한 형태의 사랑일 뿐 아니라 존재하는 모든 것에 대한 사랑이다. 본질적으로 모든 것은 하나이며, 자신을 무조건적으로 사랑함으로써 다른 모든 존재를 사랑할 수 있다.

진정한 자기애가 클수록 다른 이에게 미치는 긍정적 영향이 강해진다. 진정으로 자신을 사랑하는 사람은 다른 이에게 그가 구현할 수 있는 최고의 가능성을 보여줌으로써 씨앗을 심는다.

당신의 행복과 충만함은 세상에게는 선물이다. 당신이 마음에서 우러나오는 것을 창조할 때, 당신은 자아가 상상하는 것보다 훨씬 더 크게 세상에 기여하기 때문이다.

마음에서 비롯된 어떤 예술을 창조할 때마다, 당신은 지구의 주파수를 높인다. 가장 두려운 일을 하도록 부드럽게 밀어붙이는 마음의 소망에 귀를 기울여라.

당신이 창조한 예술을 통해 세상과 마음을 나눌 때, 수많은 아름다운 영혼들 속에 숨겨진 치유의 선물이 살아 움직일 것이다.

당신은 당신이 추구하는 기적이다

삶은 그 자체로 완벽하게 펼쳐진다. 삶을 통제하려는 집착을 내려놓으면, 모든 것이 적절한 때에 피어난다는 것을 알게 된다. 많은 경우 사람들은 원하는 것을 얻기 위해 더 영리해져야 한다고 느끼지만, 실제로는 내려놓음이 필요하다.

세계를 창조하고 자연스러운 조화를 이끄는 보이지 않는 힘은 항상 당신의 최고선을 위해 작용하고 있다. 그 흐름을 방해하지 말고, 삶이 리듬과 시간에 따라 자라나도록 허락하라.

현재 자아가 가진 풍요의 개념은 이미 당신 삶에 존재하는 풍요와 일치하지 않을 수 있다. 자아가 원하는 모든 것을 얻은 미래를 기다리기보다는, 지금 경험하는 긍정적인 감정을 더 키우는 데 집중하라.

삶은 단순해질 수 있으며, 열린 마음으로 살아갈 때 자아가 원하는 것들은 이미 당신이 누리고 있는 멋진 삶 위에 덤으로 다가온다. 행복한 삶을 실현하는 비결은 이미 가진 것에 감사하는 법을 배우는 것이다.

물질적인 세계에서 얼마나 많은 것을 성취하든 그것에 감사하지 못한다면 아무 소용이 없다. 세상에는 무한한 풍요가 존재하지만, 그것은 자아가 아닌 마음의 렌즈로 바라봐야 보인다.

시야를 맑게 하고 사물을 있는 그대로 보는 법을 배우라. 이미 세계는 숨 막히게 아름다우며,

주변에는 순수한 사랑이 가득한 너무나 축복받은 상태다. 당신은 지금 주변의 아름다움을 볼 수 있는가?

채워지지 않은 욕망을 목적 삼는 것은 멋지지만, 그것이 충족되는 것이 행복의 열쇠라는 착각에 빠지지 말라. 진정한 행복은 이미 가진 것에서 온다. 지금 가진 것이 충분하지 않다고 믿으면, 아무리 많은 것을 얻어도 항상 더 많은 것을 쫓게 될 것이다.

주변의 풍요로움이 당신의 존재 전체에 스며들도록 하여 모든 존재와의 일체감을 느껴보라. 당신은 신성함의 독특한 표현이며, 우주만큼 무한한 존재다.

9

마법 같은 삶을 향한 길

 마음을 활짝 열면 삶 자체가 기적이며 당신 또한 그러하다는 것을 깊이 느낄 수 있는 압도적인 사랑을 경험하게 된다. 당신의 진정한 영혼은 영원불멸하며, 순수한 사랑으로 항상 당신을 지켜보고 있다. 당신은 일시적으로 인간으로 태어나기를 선택한 아름다운 영혼이며, 자신이 누구인지 기억해내야 한다.

 자신의 진정한 실체를 기억함으로써, 당신은

마음이 원하는 모든 것에 즉시 매력을 발휘하게 된다. 당신이 진정으로 원하는 것들은 당신이 그것들을 실현하기 위해 태어났기 때문에 존재한다. 행운을 기다리기보다는, 마음이 원하는 모든 것이 이미 당신을 찾고 있다는 사실을 인식하라. 당신이 해야 할 일은 마음을 열고 영혼의 빛이 온전히 드러나도록 허락하는 것이다.

사랑하는 삶을 창조하기 위해 무언가를 억지로 할 필요는 없다. 내면의 조용하고 고요한 목소리를 계속 따라가면서 모든 겉치레를 내려놓아라. 삶에서 일어나는 모든 일은 당신을 위한 것이며, 당신의 유일한 책임은 그저 다음 발걸음을 계속 내딛는 것이다.

당신의 여정은 고유하므로 따라갈 사람은 없다. 다른 사람이 당신의 길을 안다고 믿지 말라. 대신 어디로 가야 할지 속삭이는 영혼을 신뢰하라. 당신이 사는 세상은 자아가 믿는 것보다 훨씬 더 유연하며, 비록 지금 자아의 눈에는 보이지 않을지라도 당신만을 위해 설계된 길이 이미 존재한다.

당신이 사랑하는 삶을 창조할 수 없다는 오래된 이야기를 내려놓아라. 당신은 이미 영혼이 지구에서 걷기로 한 보이지 않는 길을 멀리 걸어왔으며, 곧 외부 세계에서의 실현을 통해 커다란 수확을 거두게 될 것이다.

가장 중요한 것은 마음이 주는 안내와 당신을 일치시키는 것이다. 이 내면의 지침을 듣고 행동하면, 지상에서의 천국을 향해 가고 있음을 편안히 받아들일 수 있다.

마음의 소리를 받아들이며 한 걸음 한 걸음 나아가다 보면 아름다운 지금의 삶이 선물임을 깨닫게 된다. 지금 걷는 이 길은 아무도 걸은 적 없는 길로, 당신을 순수한 아름다움이 가득한 목적지로 인도할 것이다. 의심을 내려놓고 내면에서 자라는 진실이 더욱 강해지도록 하자.

이 글은 당신이 이미 알고 있는 것을 비추는 거울일 뿐이다. 당신은 우주로부터 보호받고 깊디깊게 사랑받고 있는 사랑스러운 영혼이다. 모든 것은 당신의 최고선을 위해 준비되어 있으며, 당신의 자아조차 상상하지 못했던 놀라운 경험이 기다리고 있다. 우주는 당신을 사랑하며, 최선을 다하는 당신에게 남은 일은 그저 계속 나아가는 것이다.

10

당신의 기반을 에너지에 두라

태초의 삶은 모든 것이 자연스럽게 다가오고, 매일 아침 일어나 하루를 시작하는 것이 기대되는 삶이다. 억지로 자신을 몰아붙이는 것은 건강하지도 자연스럽지도 않다. 경력을 쌓아 성공을 이루더라도, 그 성공이 당신이 즐기지 않는 삶을 지속하기 위한 자원으로 쓰인다면 무슨 소용이겠는가? 진정한 성공은 매일 아침 기분 좋게 일어나 하루의 시작을 기대하는 삶이다.

세상은 당신의 영혼을 위한 놀이터이므로, 원하지 않는 삶을 억지로 만들어 갈 필요는 없다. 사회에 맞추기 위해 자신을 변화시키려는 욕구를 내려놓고 진정한 자신으로 존재할 때 원하는 사람, 일, 삶이 자연스럽게 다가올 것임을 믿어야 한다. 세상에는 소음이 가득하지만, 자신이 누구인지 알 때 그 어떤 소음도 당신을 흔들지 못한다.

　　현재에 집중하며 자신을 사랑할 때 언제나 평화가 찾아온다. 당신의 에너지는 있는 그대로 세상을 위한 선물이며, 다른 사람이 되려 하지 않을 때 진정한 빛을 발한다. 삶에는 자연스럽게 누군가가 들어오고 나가는 과정이 있지만, 이는 저절로 일어나며 당신이 통제할 수 있는 것이 아니다. 당신의 유일한 책임은 에너지 중심을 유지하고, 나머지는 자연스럽게 정리될 것임을 믿는 것이다.

자기애와 돈의 관계

　　돈의 에너지는 우주로부터 오는 사랑의 형태다. 더 많은 돈을 바라는 이유는 당신이 자신을 사랑하고, 자신의 필요를 충족시켜 타고난 독특한 선물을 세상에 나누고 싶기 때문이다. 마음은 이미 왜 영혼이 이 땅에 존재하는지를 알고 있으며, 이제 그것을 기억해내려 한다. 영혼이 이 세상에 와서 살고자 했던 삶을 실현하는 것은 무척 즐거운 일이다.

마음에 귀 기울이고 그에 따라 행동할 때마다, 당신의 주파수는 돈의 에너지와 더 깊이 조화를 이룬다. 자기 사랑과 돈의 관계는 더 많은 돈을 벌거나 은행 잔고가 늘어난다는 것을 의미하지 않는다. 돈의 에너지는 당신의 순자산에는 관심이 없다.

돈의 에너지가 가장 바라는 것은, 당신이 마음속 꿈의 삶을 사는 데 필요한 자원을 제공하는 것이다. 진정한 소망을 실현하며 사랑의 삶을 사는 사람들은 순자산을 늘리거나 다른 사람과 자산의 크기를 비교하는 데 에너지를 낭비하지 않는다. 사랑의 삶을 사는 사람들은 액수에 상관없이 돈의 에너지로부터 충분한 지원을 받고 있다. 당신의 마음은 당신이 이 세상에 태어나서 살아야 할 삶을 이루고 싶어 하며, 돈의 에너지는 그 과정을 돕고 싶어 한다.

당신의 고유한 에너지는 스스로와 세상을 위

한 선물이다. 당신은 우주가 제공하고자 하는 모든 축복을 받을 자격이 있으며, 마음을 완전히 열고 세상의 사랑을 받아들일 때 그 축복이 찾아올 것이다.

우주가 느린 움직임을 선호하는 이유

우주가 느린 움직임을 선호하는 이유는 마음의 소망을 서두르지 않고 이룰 때의 아름다움과 목적에 있다. 긴 어둠을 경험한 뒤에 너무 서둘러 빛을 만나면 부작용이 생길 수 있다. 잠수부가 감압병을 피하기 위해 천천히 수면으로 올라오듯이, 당신의 삶도 자연스럽게 유기적으로 과거의 압박을 해소해야 한다.

삶의 모든 영역에서 너무 빠르게 큰 풍요와

성공을 얻으면, 그것이 비현실적이고 지속 불가능하게 느껴져서 도착한 좋은 것들에 감사하지 못할 위험이 있다. 선택할 수 있다면 한 번에 모든 것을 얻기보다 천천히 이루는 것이 낫다. 당신이 인도받고 있음을, 아직 마음의 소망을 완전히 실현하지 못한 것은 지속 가능한 기적적인 삶의 진동에 적응하는 과정에 있기 때문임을 믿어야 한다.

당신의 행복은 세상의 축복이다

당신은 아름다운 영혼이며, 우주는 당신의 모든 것을 사랑한다. 진정한 사랑은 조건이 없으며, 그 사랑을 경험하기 위해 자신을 변화시키거나 성장시킬 필요가 없다. 당신은 사랑받을 자격이 무한하며, 지금 바로 그 에너지에 귀 귀울임으로써 원하는 모든 사랑을 받을 수 있다. 모든 상처가 치유되는 미래의 어느 순간까지 자기 사랑을 미루지 않아도 된다.

이제 가슴을 열고 우주의 무한한 사랑이 당신을 통해 흘러들어와 존재의 에너지 전부를 채우도록 할 시간이다. 자기 자신을 사랑하기 위해서는 현재 당신의 모든 부분을 있는 그대로 사랑하겠다는 의지로 주의를 집중해야 한다.

자아는 아마도 당신이 우주의 사랑을 받을 자격이 없다고 믿는 이유를 제시할 것이다. 하지만 그 생각들을 믿는 대신, 조건 없이 사랑해야 한다. 당신은 감정이나 생각 그 자체가 아니다. 당신 안에서 떠오르는 생각들은 진정한 영혼을 반영하지 않는다. 생각을 일시적인 구름으로 보고 그것들이 항상 흘러간다는 것을 이해하면, 더 이상 그 생각에 집중하지 않게 될 것이다.

당신의 진정한 존재는 항상 구름 너머에 존재하는 영원히 푸른 하늘이다. 영원한 영혼을 인식할 때만 생각의 구름으로부터 거리를 두고, 비판 없는 인식과 사랑 가득한 자비로 그 생각들을 사랑할 수 있다.

　인류 역사의 이 중요한 시점에 올바른 방향으로 나아가는 가장 좋은 방법은 모든 생각을 사랑하는 것이다. 세상에 대한 모든 생각을 비판 없는 인식과 자비로 관찰하면서, 당신이 사랑 그 자체임을 기억하라.

　그러나 세상의 고통에 혼자 책임을 지려 하거나 영적 회피로 세상에 고통이 존재함을 부정해서는 안 된다. 세상이 고통을 겪는 것은 당신의 잘못이 아니며, 고통이 존재하지 않는 척하는 것은 오히려 그것을 강화할 뿐이다.

　당신은 태어날 때부터 누구도 흉내 낼 수 없는 아름답고 독특한 에너지를 가지고 있다. 자신을 사랑하고 진정한 기쁨으로 가득 찬 삶을 창조할 때, 당신의 삶은 다른 사람들이 그들의 진정한 영혼으로 돌아올 수 있도록 돕는 등대가 된다.

　자신을 진정으로 사랑하며 아름다운 삶을 사

는 사람을 볼 때, 그 삶은 당신이 가진 가장 높은 잠재력을 비춰준다. 마음의 소망을 이루며 살아가는 사람을 보는 일은 축복과도 같으며, 그 사람이 행복하다는 이유로 죄책감이나 부끄러움을 느낄 필요가 없다.

타인의 고통에 연민을 느끼고 공감하면서도 자신의 삶을 사랑할 수 있다. 당신의 행복은 세상의 집단적 진동의 주파수를 높이는 선물이며, 더 많은 사랑을 세상에 가져온다.

그 길이 어디로 이끌든 마음의 인도를 계속해서 따라가라. 두려움에 뿌리를 둔 집단적 이야기에 귀를 기울이기보다는, 마음속에 항상 고요히 자리 잡고 있는 무한한 사랑의 중심을 찾아라.

당신이 일상에서 자연스럽게 발산하는 따뜻함은 세상에 주는 선물이다. 당신은 강력한 빛을 타고났으며, 그 빛은 삶에 무한한 의미를 부여한다. 당신의 존재는 만나게 되는 모든 이들의 영혼을 고양시키고 일깨우는 걸 돕는다.

우주는 지금의 당신 자체를 사랑하며, 자아가 사랑받을 자격이 있다고 느끼기 전에 충족해야 한다고 생각하는 가능성들을 사랑하는 것이 아니다. 당신은 이미 되고자 하는 존재이며, 영혼은 넘치는 사랑의 눈으로 당신을 바라보고 있다.

당신은 진정한 영혼의 자아를 기억하고 깨어나고 있다. 본질적으로 당신은 영혼이며, 우주이며, 사랑이다. 자신을 사랑 그 자체로 인식할 때 세상에 자신을 자신감 있게 드러낼 수 있으며, 결코 멈추지 않을 신성한 아름다움의 유일무이한 구현체가 될 수 있다.

행복과 기쁨의 열쇠

내면의 지침을 다른 이들의 조언보다 우선시하기로 선택하면, 당신의 삶은 사회가 계획한 길을 따르는 사람들과는 다르게 펼쳐질 것이다. 독창적인 삶에는 압도적인 아름다움이 있다. 대부분의 사람들이 사는 방식으로 삶을 꾸미라는 압박이 있겠지만, 진정으로 지속 가능한 기쁨은 마음을 따를 때 찾아온다.

직관을 따를 때는 미래를 알 필요가 없다. 미

래를 신비로운 것으로 두고, 현재를 소중히 여기는 데 집중하라. 현재가 행복하면 미래도 행복할 것이라는 믿음을 가져야 한다. 어떤 일이 일어나더라도 미래가 훌륭할 것이라고 믿으면 내면에 평화가 찾아온다. 삶을 사랑하는 것은 간단하다. 현재 당신의 삶에 존재하는 모든 것을 감사히 여기는 것이다.

지금 내 삶에 존재하는 사람들의 아름다움과 인간으로서 이 지구상의 중요한 시기에 살아가는 것의 경이로움에 집중하라. 미래에 더 많은 욕망이 충족되기를 기다리기보다, 이미 누리고 있는 삶에 감사하는 법을 배우라. 세상을 가리고 있는 자아의 환상을 꿰뚫어 보면 당신의 삶을 구성하는 에너지의 패턴을 느낄 수 있다. 행복을 미래에만 가능한 것으로 기대하는 패턴을 가지고 있다면, 얼마나 많은 축복을 받든 의미가 없다.

이미 누리고 있는 삶에 대한 감사의 표현은 현

재를 소중히 여기는 에너지의 패턴을 키워준다. 지속 가능한 행복과 기쁨의 열쇠는 바로 여기에 있다.

15

마음의 소망이 당신에게 오게 하라

　　마음에는 모든 존재를 균형 있게 조화시키는 신비로운 힘이 있다. 마음속으로 들어가 모든 일이 일어나는 중심을 찾아라. 창조의 근원은 당신 안에 있다. 마음속에서 이 안전한 피난처를 찾으면 외부 세계의 어떤 것도 당신을 흔들지 못한다. 당신이 찾고 있는 모든 답은 마음속에 존재하며, 준비되었을 때 스스로 드러난다.

　　당신은 삶의 창조자이며, 이제는 항상 원하던

사람이 될 때다. 되고자 하는 모습으로 살아가기를 선택한다면, 외부 세계가 내면에서 일어나는 일들을 반영하여 그에 맞춰 변화할 것이다. 마음에 존재하는 창조의 중심에 따라 살아갈 때, 자기 사랑의 가장 높은 주파수에 맞춰지게 된다.

내면의 중심을 발견하고 그곳에서 살아가면, 외부 세계의 모든 것이 제자리를 찾는다. 마음과 연결되어 모든 주의를 집중할 때, 적절한 시점에 자연스럽게 올바른 행동으로 멋진 삶을 실현할 수 있다. 마음에서 우러나오는 대로 살아갈 때는 무언가를 억지로 이룰 필요가 없다. 사랑으로 세상을 움직일 때 당신은 진정한 영혼의 본질을 구현하게 되며, 이는 당신의 자아가 상상할 수 없는 마법적인 방식으로 모든 소망을 자연스럽게 끌어당긴다.

계속해서 실현하라

당신은 우주의 무한한 사랑과 지혜와 항상 연결되어 있다. 고요함을 찾기 위해 마음에 집중할 때마다, 찾고 있는 지혜를 얻게 될 것이다. 내면의 지침에 귀 기울이고 이를 우선시하면 모든 것이 쉬워진다.

세상으로부터 사랑받고 인정받기 위해 지금과 다른 사람이 될 필요는 없다. 진정한 자신을 구현할 때 세상은 당신을 받아들일 것이다. 지금 신은 당신에게 통제에 대한 환상을 내려놓고 당신의 진정한 영혼을 무조건적으로 받아들일 것을 권유하고 있다.

당신은 이미 완전하며, 세상에 당신만이 줄 수 있는 독특한 치유의 힘을 지니고 있다. 당신은 이미 전체의 중요한 일부분으로, 존재 자체로 주변 사람들의 삶을 크게 끌어올려 주고 있다. 내면의 지혜가 당신을 위해 만들어진 최고의 잠재적 운명이자 독특한 지상 낙원으로 이끌고 있음을 믿어라.

현재의 길을 걷는 동안 자신을 신뢰하라. 당신은 반드시 해낼 것이다. 그저 계속해서 그 자리에 나타나기만 하면 나머지는 우주가 알아서 해줄 것이다.

17

감사는 마음의 꿈의 삶을 열어준다

고요함 속에 앉아 마음에 귀를 기울이면 모든 것이 명료해진다. 억지로 문제를 해결하려 애쓰는 대신, 그저 놓아주고 답이 스스로 찾아오도록 해야 한다. 모든 문제를 해결해야만 행복할 수 있다는 생각을 내려놓으면, 이미 삶에 존재하는 축복에 감사할 수 있는 에너지가 생긴다.

문제를 해결할 방법을 묻기보다, 지금의 삶에서 감사할 수 있는 것이 무엇인지 자문하라. 감사의 에너지는 주파수를 조정해 긍정적인 에너지를 강력하게 끌어들인다. 이는 더 많은 감사할 거리를 자연스럽게 불러온다.

인생에서 더 큰 문제를 해결해야 할 때가 오면, 강한 영감의 충동을 느끼게 될 것이다. 만약 그런 내면의 부름이 없다면, 고요함 속에서 느껴지는 작은 불편함을 없애기 위한 행동은 그만 내려놓아라.

진정한 기쁨은 이미 가지고 있는 것에 대한 감사에서 온다. 감사하지 않으면 삶이 아무리 훌륭해져도 지속적인 행복을 경험할 수 없다. 당신의 마음속에 있는 천국은 이미 여기에도 있다. 그것을 보기 위해서는 세상을 보는 렌즈를 바꾸어야 한다.

당신의 카르마에 집중할 것

타인의 문제를 해결하려는 필요를 내려놓고, 그 에너지를 자신을 치유하는 것으로 돌려야 한다. 당신은 무한한 지혜의 근원과 직접 연결된 아름답고 빛나는 영혼이다. 사랑하지 않는 삶의 어떤 부분도 변화시킬 힘이 있다.

스스로의 삶을 지상에서의 천국으로 바꾸면, 다른 사람을 도울 수 있다. 우리는 자신의 삶을 통해서만 다른 사람에게 영감을 줄 수 있기 때문이다. 당신의 진정한 행복은 사랑하는 사람들의 삶에 영감을 주는 가장 강력한 원동력이다. 각자가 자신의 인생 이야기를 바꿀 지혜와 힘을 가지고 있음을 믿어야 한다.

마음의 소리에 집중하고 가장 깊은 소망을 실현함으로써, 당신의 아름답고 신성한 빛을 온전히 볼 수 없도록 가리는 모든 벽을 허물 수 있다.

지금의 삶에서 의미를 찾을 것

숲속에서는 모든 생명체가 평화롭게 공존한다. 식물과 동물은 각자의 목적에 대한 확신을 가지고 살아간다. 숲에서는 생존을 위한 투쟁이 수도 없지만, 그 속에 목적의 결핍은 없다.

사람들은 삶에서 의미를 찾지 못할 때 고통을 겪는다. 반면 의미를 발견하면 덧없는 즐거움에 의존하지 않는 내재적이고 지속 가능한 기쁨이 삶에 깃든다. 숲속의 나무들이 존재의 의미를 지니고 살아가는 것처럼, 우리도 목적의식을 가지고 살아가야 한다. 각자가 삶에서 무엇을 하든지, 우리의 선택은 다른 사람에게 영향을 미친다.

누구도 진공 속에서 살지 않으며, 이 깨달음은 삶의 의미가 단순하다는 것을 보여준다. 우리의 모든 행동이 직간접적으로 다른 사람에게 영향을 미친다면, 긍정적인 영향을 미치는 행동을 선택해야 한다. 사회적 기준에서 성공해야만 다른 사람에게 긍정적인 영향을 미칠 수 있는 것이 아니다. 사랑으로 무언가를 하는 모든 사람은 자신의 자아가 이해할 수 있는 것보다 훨씬 더 아름답게 세상에 영향을 미칠 수 있다.

20

내면에서 무한한 사랑의 샘물을 찾을 것

　내면 깊은 곳, 자아가 원하는 것은 사랑받고자 하는 열망에서 나온다. 자아는 더 많은 돈, 완벽한 연인, 훌륭한 가정 또는 명성이 지속적인 평화를 가져다줄 것이라 믿지만, 이러한 모든 욕망의 밑바탕에는 사실 사랑받고자 하는 갈망이 있다.

　이러한 욕망은 마음에서 비롯될 때는 건강하지만, 자아가 잘못된 이유로 추구하면 결코 채워질 수 없다. 우리가 외부의 물질세계에서 찾고 있는 사랑은 오직 내면에서 온다. 마음속 무한한 사랑의 샘물을 발견하면, 이는 삶의 모든 영역에 반영될 것이다.

21

부를 추구하는 일을 사랑할 것

부를 추구하는 것은 자연스러운 일이다. 돈은 마음이 꿈꾸는 삶을 실현하는 열쇠이며, 자기애를 통해 끌어들일 수 있다. 영혼의 빛을 세상에 비추도록 할 때, 돈은 자연스럽게 따라온다.

당신이 가진 독특한 관점과 재능은 다른 누구도 가지지 않은 것이다. 직관의 안내를 따르면, 당신만의 독특한 재능이 공동체를 위해 가장 잘 활용될 수 있는 곳으로 인도될 것이다.

신이 삶의 강물을 올바른 방향으로 인도할 수 있음을 믿어라. 미래가 어떻게 나타날 것인지에 대한 기존의 집착을 내려놓고, 마음의 조용한 앎에 몸을 맡겨라. 과거의 이야기와 믿음이 사라지고, 마음과 몸이 이 시기에 당신의 영혼이 지구에 온 이유와 완전히 조화를 이룰 수 있도록 하라. 부유함은 당신이 가진 독특한 재능을 가장 귀한 형태로 표현할 수 있게 해준다.

기본적이고 필수적인 필요를 충족할 돈이 없다면, 자신만의 특별한 재능을 키우는 데 집중할 수 없다. 당신의 직관은 이미 세상에 영혼의 충만한 표현을 나누기 위해 필요한 돈을 어떻게 얻을지 알고 있다. 이제 부를 추구하는 일을 사랑하고, 그것을 마음의 영원한 아름다움을 세상에 표현하는 발판으로 바라보아야 할 시간이다. 돈 자체가 당신을 행복하게 하지는 않겠지만, 기쁨을 주는 일을 추구할 자유를 위한 도구는 될 수 있다.

지금 바로 그 일을 찾아 가능한 한 자주 시작하는 것이 중요하다. 부유해진 뒤에 사랑하는 일을 하려고 기다리지 말고, 오히려 사랑하는 일을 하는 것이 당신을 부유하게 만든다는 것을 이해해야 한다.

부를 향한 욕망은 마음이 원하는 일을 하다가 실패할지도 모른다는 두려움을 극복하는 동력이 될 것이다. 하지만 사실은 사랑하는 일을 할 때 실패라는 것은 존재하지 않는다. 열정에서 기쁨을 찾고, 그것을 통해 자기 사랑이 자라날 것임을 믿어야 한다. 사랑하는 일을 한다고 해서 처음부터 돈을 벌 수는 없겠지만, 그 안에서 자라나는 자기 사랑의 에너지가 예상치 못한 방법으로 더 많은 부를 가져올 것이다.

돈의 에너지는 자비롭고 삶을 북돋아 준다. 돈은 당신이 열정을 추구하는 동안 우주의 사랑을 얼마나 많이 내면에 흐르게 하는가에 비례하여 다가온다. 부유해져야만 사랑하는 일을 할 수 있다는 생각을 내려놓을 때, 당신을 진화시키고 성장시키는 돈이 자연스럽게 다가올 것이다. 사랑하는 일에 대한 열정적인 에너지를 키우는 데 집중하고, 그것이 삶 전체를 어떻게 변화시키는지 지켜보아라.

22

영혼은 항상 길을 알고 있다

　빠르게 변화하는 세상에서 느리게 사는 것은 강력한 행위다. 자연과 조화로운 속도로 움직이는 것들에는 아름다움이 있다. 당신의 삶은 완벽한 때에 꽃을 피우고 다시 오므라들고, 새롭게 피어나기를 반복할 것이다. 사회의 속도에 대한 집착을 내려놓고 내면의 계절의 리듬에 맞춰보라.

　삶의 타이밍을 통제하려는 욕구를 내려놓으면, 기적이 생겨날 공간이 생긴다. 이 순간에 평화를 찾을 수 있다면 미래로 급하게 달려가려는 필요가 사라지고, 그곳에서 안전함과 행복을 느끼려는 자아의 집착도 사라질 것이다.

진정으로 현재의 순간과 계절을 사랑하게 되면, 미래를 향해 서두르려는 필요는 자연스럽게 사라진다.

지금의 삶에서 아름다움을 발견하고, 미래도 아름다움으로 가득할 것을 믿어야 한다. 감사는 언제나 현재에서만 찾을 수 있기 때문이다. 현재의 삶에서 좋은 것들에 감사하는 것은 안전과 행복을 느끼도록 내면의 근육을 단련해준다. 진정한 평화와 행복을 많이 경험할수록, 나를 기분 좋게 만드는 사람, 사물, 상황을 더 많이 끌어당기게 된다.

마음은 영혼으로 가는 문이다. 영혼은 우리가 지구에서 인간으로서 경험하는 시간과 차원을 초월해 존재한다. 마음을 고요히 하고 영혼의 목소리를 들으면 지침을 받을 수 있다. 왜 지구에 태어나게 되었는지, 그리고 당신의 가장 높은 잠재력을 지닌 길이 무엇인지 알려줄 것이다. 이 길을 걷는 것은 진정한 성취감을 느끼며 지구의 집단적 에너지를 높이는 가장 좋은 방법이다. 세상의 모든 것은 연결되어 있기에, 비록 자아가 이를 인식하지 못하더라도 당신의 행복은 모두와 공유된다.

마음의 낮은 목소리에 귀를 기울이고, 항상 그것을 최우선으로 삼아야 한다. 내면에서 오는 이 목소리는 북극성이 되어, 그 누구도 줄 수 없는 사랑 어린 지침을 제공한다. 다른 사람이 당신보다 당신의 삶을 더 잘 안다고 믿는 잘못된 생각을 내려놓아야 한다. 아무리 가까운 관계라 할지라도, 영혼의 부름은 오직 당신만이 들을 수 있다.

왜 지구에 태어나기로 선택했는지, 그 목적에 맞게 살고 있는지를 스스로 물어야 한다. 사회가 가르쳐준 모든 욕망은 내 본질을 충족시키지 못한다. 그 욕망들은 영혼이 지구에 태어나기로 선택한 이유가 아니기 때문이다. 사회에는 많은 경이로움과 즐거움, 경험이 있지만, 존재의 본질이 어디서 행복을 느끼는지 아는 이는 오직 당신 자신이다.

세상과 사회에 연결되어 있되, 항상 자신과의 연결을 우선시해야 한다. 다른 사람의 에너지가 사랑스럽고 순수하더라도, 그 에너지를 느끼기 전에 먼저 당신 영혼의 목소리와 함께 고요함 속에 앉아 머무르라. 지금 당신의 영혼이 당신에게 전하고 싶어 하는 아름답고 강력한 메시지가 있다.

23

아름다운 생각에 물을 줄 것

당신 주변에서 펼쳐지는 상황은 당신이 마음속에서 키워온 생각, 아이디어, 그리고 믿음을 비추는 거울이다. <u>스스로 어떤 생각을 키우고 있는지 주의를 기울이고 인식할 때</u>, 삶에서 일어나는 상황에 가장 효과적으로 반응할 수 있다.

당신은 생각 그 자체가 아니라 그 생각을 관찰하는 존재다. 관찰자로서 주의를 집중함으로써 어떤 생각을 키우고 어떤 생각을 키우지 않을지 선택할 수 있다.

생각은 에너지의 씨앗과 같아서, 당신의 삶에서 실현될 무언가의 청사진을 담고 있다. 마음에 어떤 생각이 들어올지를 선택할 수는 없지만, 주의력은 그 생각 중 어떤 것에 집중적으로 물을 줄지 결정할 수 있다.

24

사랑으로 무언가를 창조할 것

 마음에는 영감을 찾을 때마다 다가갈 수 있는 무한한 사랑의 샘물이 있다. 당신을 통해 세상에 태어날 무수한 아름다운 창조물들이 기다리고 있는 샘물이다.

 창조는 그 자체로 가장 큰 기쁨이다. 모든 창조물은 순수한 사랑의 에너지로 가득하고 당신은 그 주문과 같은 창조물을 만드는 마법사다.

 무언가를 창조할 때, 우주의 사랑이 당신의 마

음을 통해 당신이 창조하는 예술로 흘러든다. 다른 사람의 반응을 걱정하지 말고 단순히 창조의 즐거움을 위해 무언가를 만들라. 마음으로부터 무언가를 창조할 때, 긍정적인 주파수가 높아져 삶의 모든 영역에서 행운을 자석처럼 끌어당기게 된다. 그림을 그리거나 노래를 부르거나 글을 쓰거나 뜨개질을 하거나 춤을 추거나 영상을 만들거나, 무엇이든 창조할 때마다 당신은 자신의 삶과 세상을 더 나은 곳으로 만든다.

세계는 사랑의 에너지로 가득 차 있기에 세상을 돕는 최선의 방법은 그 주파수를 발산하는 것이다. 이는 예술을 창조할 때마다 자연스럽게 이루어진다. 창조는 세상을 사랑하는 방식이다. 예술을 통해 자신을 표현할 때, 마음은 기쁨의 노래를 부르고 세상은 모두에게 유익한 더 높은 주파수로 전환될 것이다.

25

당신은 당신이 누구인지 기억한다

　마음을 들여다보면, 영혼이 이 지구에 오기로 선택한 이유에 해당하는 당신의 숨은 운명을 발견할 수 있다. 당신은 이전에는 한 번도 실현된 적 없는 특별한 삶을 실현하기 위해 이 땅에 왔다. 만약 원하는 삶이 가능하다는 증거가 보이지 않아 두렵다면, 그것이야말로 올바른 길을 가고 있다는 증거다. 당신은 타고난 리더로서 스스로 만들어가는 삶을 통해 다른 이들에게 멋진 삶에 대한 영감을 주게 될 것이다.

 지금 당신이 하는 일은 상상조차 못 했던 마법 같은 삶을 실현하기 위한 준비 과정이다. 당신은 올바른 길을 걷고 있으며, 이 길은 분명히 가치가 있다. 곧 당신이 길을 우회해온 이유를 이해하게 될 것이고, 그 모든 과정에 넘치도록 감사하게 될 것이다. 지금까지 걸어온 모든 발걸음은 오늘의 당신을 만들기 위해 필요했으며 하나도 헛된 것이 없었다.

 자아가 지난 실수로 여기는 것들에는, 다른 방식으로는 배울 수 없었던 신성한 교훈이 담겨 있다. 이제 당신의 독특한 선물을 활성화하는 데 필요한 모든 카르마적 교훈을 이미 경험했다는 것을 알게 될 것이다. 영혼의 빛을 세상에 완전히 드러내고, 그 결과로 마법 같은 삶을 경험할 때다.

 준비와 치유의 시기는 끝났다. 이제 어린 시절부터 꿈꿔온 삶을 살아갈 때다. 과거에 당신을 힘들게 했던 것들이 갑자기 변화하고, 새로운 기회가 열리며 그 문을 통과할 수 있도록 도와줄 것이다.

지금까지 겪어온 모든 도전은 사실 당신에게 교훈을 주기 위한 영적 스승이다. 이제 필요한 교훈을 배웠으니 그 스승들은 사라질 것이다. 당신은 마음 깊은 곳에서 울려오는 조용한 목소리를 우선시하고, 주의 깊게 귀를 기울인 지혜로운 사람이었다. 이제 잠시 숨을 돌리고 이 모험 가득한 생에서 얼마나 멀리 왔는지 되새길 때다. 주위를 둘러보며 사랑이 주변 세상을 통해 당신에게 되돌아오는 것을 느껴보라.

당신은 내면의 정원을 정화했고, 이제 아름답게 자라난 수확물을 거두고 있다. 사랑을 온전히 받아들이고, 당신의 진정한 본질은 사랑의 에너지라는 것을 깨달아보라. 세상의 모든 것은 자기 사랑으로 환원된다. 이제 당신이 진정한 자신을 기억하게 되었으니, 세상은 상상할 수 있는 가장 아름답고 풍요로운 형태로 당신을 반영할 것이다.

　이 시기에 지구에 존재해준, 그리고 보이지 않는 곳에서 수많은 영혼의 삶을 고양하는 내적 치유 작업을 우선한 당신에게 감사한다. 당신의 삶은 강물처럼 어떤 결과를 만들려는 필요를 내려놓았을 때 완벽하게 펼쳐진다. 결과를 통제하거나 영향을 미치려 하지 말고, 자연의 지능이 그 일을 하도록 한 뒤 압도적인 평화를 받아들이면 된다.

　당신의 삶에 구조를 만들고, 우주가 그 구조를 마법으로 채우도록 하라. 통제할 필요가 없는 것들을 우주에 맡김으로써 힘이 생긴다. 당신이 타고난 독특한 선물은 번영하기 위해 어떤 자양분이 필요한지 정확히 알고 있다. 어떤 것을 억지로 이루겠다는 집착을 내려놓으면, 내면의 빛을 드러내는 촉매 역할을 하는 사람과 장소, 사물에 자연스럽게 이끌리게 될 것이다.

　영혼과 완전히 조화된 아름다운 삶에서는 역

지로 무언가를 이루지 않아도 된다. 직관이 이끄는 대로 의미 있는 일을 하게 될 테지만, 결코 강압적으로 느껴지지 않을 것이다. 에너지가 당신을 원하는 방향으로 밀어주고 있을 때, 노력은 가장 효과적이다. 눈에 보이지 않지만 마음으로 느낄 수 있는 에너지의 흐름에 자신을 맞추고 오직 마음에 머물 때, 다음에 어떤 행동을 해야 할지 명확해진다.

마음의 고요한 성소에서 쉬면서 이미 누리고 있는 멋진 삶에 감사하라. 당신은 스스로 인정하는 것보다 훨씬 강력한 창조자다. 당신이 사랑하는 삶을 창조하는 능력은 그 삶이 펼쳐지는 모습을 지켜보는 모든 사람에게 혜택을 준다.

계속해서 마음의 지침을 우선하고 내면의 고요한 성소에 머물 때, 삶은 점점 더 좋아질 것이다. 당신이 발산하는 긍정적인 에너지는 좋은 기운을 끌어당기며, 이는 세상을 바꿀 만큼 강력한 눈덩이 효과를 만들어낸다. 세상의 사랑은 그 어느 때보다 빠르게 성장하고 있으며, 당신은 이 위대한 각성에 중요한 역할을 하고 있다. 이번 생에서 해야 할 일은 성공의 겉모습에 상관없이 마음을 따르는 것이다.

뒤돌아보면 삶의 모든 것이 이해될 것이다. 그러나 서두를 필요는 없다. 세상에 긍정적인 영향을 미치는 가장 좋은 방법은 진정으로 즐거워할 수 있는 삶을 창조하는 것이다. 그 외에 필요한 것은 없다. 삶에 가장 큰 영향력을 남긴 사람들을 떠올려보라. 그들은 진정으로 행복해하며 살아 있음에 감사하는 것을 느끼지 않았는가?

당신은 각 사람이 고유한 주파수로 진동하는 에너지의 세계에 살고 있다. 행동 그 자체보다 매 순간 구현하는 에너지가 훨씬 더 중요하다.

마음의 무한한 지혜를 바탕으로 하여 스스로 사랑할 수 있는 삶을 창조하면, 모든 것이 신성하고 조화롭게 정렬되어 상상 그 이상의 완벽함을 이룰 것이다.

당신은 꿈의 여행을 하고 있다

순간에 존재하는 평화는 당신의 에너지가 고요할 때만 느낄 수 있다. 미래를 준비하겠다는 명목으로 마음이 원치 않는 일을 억지로 할 필요는 없다.

당신은 진정으로 원하는 삶을 선택해 경험할 수 있는 자유로운 존재다. 미래의 실체는 결코 도착하지 않는다. 그것은 오직 당신의 마음속에 존재하는 개념일 뿐이다. 당신은 1년이 지나도 여전히 현재의 순간을 살고 있을 것이다. 지금 행복한가? 삶의 일부를 바꾸고 싶을지라도 그런 욕망 아래에서 진정으로 행복한가?

우주는 당신의 자아가 상상하는 것보다 훨씬 더 무한히 당신을 사랑한다. 만약 당신이 지금 삶을 즐길 수 없다면, 지금 이 순간이 바꿀 기회다. 삶의 세부 사항에서 잠시 벗어나 더 큰 그림에 집중해보라. 당신의 삶의 방향이 정말로 가길 원하는 곳인가? 당신은 지상 낙원을 향해 나아가고 있을 수도 있고, 두려움에 의해 타인이 제시한 길을 따르고 있을 수도 있다.

당신의 삶은 하나의 로드트립으로, 차를 돌릴 것인지 아니면 현재 달리고 있는 고속도로를 계속 달릴 것인지 스스로에게 물어보아야 한다. 주위에는 항상 어디로 가야 한다고 말하는 다양한 목소리가 있을 것이다. 그러나 진정으로 중요한 목소리는 당신의 직관이다. 직관은 당신이 가고자 하는 곳을 알고 있으며, 그것을 따르면 결코 길을 잃지 않는다. 당신의 삶이 다른 사람에게 어떻게 보이는지는 중요하지 않다. 오직 자기 자신에게 어떻게 느껴지는지가 중요하다.

목표를 설정하는 것은 당신을 흥분시키는 목적지를 향해 나아가고 있는지를 확인하는 강력한 방법이다. 그러나 중요한 것은, 삶의 대부분이 우리가 그 목표를 향해 나아가는 과정에서 이루어진다는 사실을 깨닫는 것이다. 가장 멋진 여행은 사랑하는 사람들과 함께하는 여행이며, 가장 소중해질 순간은 예기치 않은 모험 도중에 생겨난다. 자동 조종 장치처럼 미래를 기다리다가 삶의 가장 좋은 부분들을 놓치지 않도록 해야 한다. 현재는 이미 충분히 아름답다.

거짓 층위를 벗겨내고 본질을 드러낼 것

속도를 늦추어도 괜찮다. 모든 것을 다 알지 못해도 괜찮다. 숨을 고르며 살아가도 괜찮다. 당신은 이미 충분히 사랑받고 있고, 그 이상을 얻기 위해 해야 할 것은 없다. 우주는 무조건적인 사랑으로 당신을 바라보며, 당신이 본질적인 아름다움을 깨닫기를 바라고 있다. 성장 욕구는 훌륭하지만, 당신이 이미 완전하다는 사실을 잊지 말아야 한다. 그것은 절대로 변하지 않는다.

당신은 유일하고 중복될 수 없는 순수한 사랑의 형태로, 지구상에서 인간 존재를 경험하고 있다. 당신의 영혼은 이 독특한 경험을 위해 지구에 태어나기를 선택했다. 당신의 자아는 미래의 어느 순간을 기다리며 행복해지려 할지 모르지만, 당신의 영혼은 그저 여기에 있는 것만으로도 이미 행복하다. 살아 있다는 것의 위대함은 당신이 사는 일상에 있으며, 반드시 성취해야 할 미래의 목표에 달려 있지 않다.

부드러운 바람이 피부를 스치는 느낌, 따뜻한 해가 비추는 날의 신선한 풀 냄새, 갓 내린 커피의 향을 음미해보라. 행복한 삶을 사는 데 필요한 모든 것은 이미 여기에 있다. 내면의 어린아이는 살아 있음에 감사하며, 매일의 단순한 기쁨에 크게 기뻐하고 있다. 당신은 이미 어린 시절 간절히 바라던 목표에 도달했으며, 이제는 행복이 획득해야 하는 것이라는 오래된 이야기를 내려놓을 때다. 행복은 얻는 것이 아니라 드러나는 것이다.

마치 거대한 압력을 견디고 피어난 아름다운 연꽃의 잎처럼, 당신의 꽃잎도 자연스럽게 펼쳐지도록 해야 한다. 자아가 미래를 행복하게 만들어주리라고 믿는 생각들을 좇기를 멈출 때, 아름다운 모든 것이 당신에게 다가온다. 자아의 생각들은 이 순간의 행복을 경험하는 것을 방해할 뿐이다.

당신은 아무것도 하지 않아도 되고, 누군가가 될 필요도 없다. 당신의 유일한 임무는 그저 태어날 때의 진정한 영혼으로 살아가는 것이다. 매일 그저 나타나기만 하면 된다. 당신이 찾고 있는 마법도 당신을 찾고 있음을 기억하라.

이미 삶에 나타난 기적들을 우아하게 바라보라. 그리고 친절하고 선한 마음을 가진 당신이 앞으로도 멋진 사람, 사물, 그리고 상황을 계속해서 불러올 것임을 스스로에게 상기시켜라. 실현은 무언가 행동하는 것이 아니라 존재하는 것이다. 아무가면도 쓰지 않은 진정한 자신으로 존재하라. 그러면 세상이 당신의 영원한 사랑을 그대로 반영할 것이다.

　인간으로서의 당신의 여정은 당신이 아닌 모든 것을 벗어버리고, 당신이 누구인지 기억해내는 데 있다.

28

마음이 삶의 원하는 느낌을 시각화하라

　당신은 강력한 실현자다. 꿈꾸는 삶이 어떤 느낌을 줄 것인지에 집중함으로써 쉽게 그 삶을 실현할 수 있다. 꿈꾸는 삶이 어떤 느낌일지 알게 되면, 그 느낌을 내면에서 키워나갈 수 있다. 지금 꿈꾸는 삶의 느낌을 체험하면, 당신이 발산하는 주파수는 그 내면의 느낌에 부합하는 물리적 실현들을 끌어당기는 자석이 된다.

　세상은 에너지로 이루어져 있으며, 외부 세계

는 당신의 내면에서 일어나는 일들을 비추는 거울이다. 삶을 변화시키고 싶다면, 내면을 변화시키고 외부의 현실이 새로운 느낌을 반영하는 것을 지켜보라.

당신의 마음이 진정으로 경험하고자 하는 삶은 무엇인가? 이 질문에 대한 답을 찾는다면, 그것을 실현할 기회를 창출하는 것이다. 사랑하는 삶을 실현하기 위한 가장 중요한 첫 단계는 당신이 어떤 감정을 느끼고 싶은지를 아는 것이다.

꿈의 삶에 대해 완벽히 확신하지 못하는 부분이 많을 수 있다. 마음이 원하는 모든 것을 비전 게시판에 담을 필요는 없다. 직관이 항상 꿈의 삶과 가장 잘 맞는 물리적 조건을 알고 있는 것은 아니다. 중요한 것은 마음이 원하는 '감정'을 아는 것이다. 그 감정을 느끼고 키우는 데 집중할 때, 현재는 당신만의 천국으로 변모한다.

마법이 삶의 다음 장을 채운다

　내면에 존재하는 마법은 자아가 인식하는 것보다 훨씬 강력하다. 당신은 이미 주변 사람의 삶을 더 나은 방향으로 이끄는 마스터이자 창조자이다. 당신의 마음에 깃든 사랑은 무한하고 순수하며, 세상에 허락된 사랑의 양이 유한하다고 믿게 만드는 옛이야기를 내려놓을 수 있다. 당신의 내면에 무한히 존재하는 사랑이 외부에서 부족할 리 없다.

우주는 당신이 행복하고 쉬운 삶을 살 자격이 없다는 해묵은 신념을 내려놓으라고 청하고 있다. 당신 삶의 다음 장은 이미 시작되었으며, 영혼을 풍요롭게 하고 내면을 집처럼 더욱 안락하게 해줄 축복을 계속해서 전해줄 것이다.

마법은 당신 삶의 다음 장 주제이며, 외부에서 찾던 마법이 활성화되기를 기다리고 있었을 뿐 늘 내면에 있었음을 알게 될 것이다.

당신의 에너지는 지금 세상에 필요한 촉매제이며, 마음에 있는 무한한 사랑을 창조물의 형태로 나눌 때, 아름다운 풍요로 반영되어 돌아올 것이다.

당신은 오아시스에 도착했다

당신의 마음이 가장 원하는 감정은 무엇인가? 상상만으로도 가슴이 뛰는 미래를 찾을 때까지, 다양한 가능성을 시각화해보라. 그 미래를 지금 일어나는 것처럼 생생히 느낄 수 있을 때, 외적인 물질 세계에 가능성의 씨앗을 심게 된다. 결과가 당신이 시각화한 것과 일치하지 않을지라도, 당신이 끌어당긴 사람, 사물, 그리고 상황이 주는 감정은 같을 것이다.

사랑하는 삶을 창조하는 비결은 마음이 꿈꾸는 삶의 진동과 주파수를 맞추는 것이다. 원하는 감정을 느끼기 위해 물질적인 것을 쫓을 필요는 없다. 마음은 자아보다 더 효과적으로 원하는 것을 실현할 방법을 알고 있다. 나머지는 우주로부터 받은 아이디어로 당신을 이끌어줄 것이다.

억지로 무엇을 하려 하기보다 조화를 이루는 데 집중하면, 모든 것이 제자리를 찾는다. 당신은 이미 훌륭한 직업 윤리와 멋진 삶을 창조할 힘을 가지고 있다. 중요한 것은 자기 절제로 마음이 원하는 삶을 구축해야 한다는 점이다.

다른 사람들을 따라 하지 말고, 당신이 이미 걷고 있는 독특한 길을 신뢰하라. 지금 영혼이 진정으로 갈구하는 길 위에 있다는 것을 깨달으면, 그토록 찾던 오아시스를 발견할 것이다.

마음의 욕망을 통한 자석이 되어라

두려움 때문에 붙잡고 있는 모든 에너지를 놓아주어라. 당신은 오직 당신을 위한 최선을 바라며 존재하는 자비로운 우주 안에서 살고 있다. 해묵은 신념을 지켜야만 안전하다고 믿는 집착을 내려놓고, 변화를 환영하라. 지금 미지의 세계로 도약할 기회가 주어지고 있다. 이 신비로운 미래로의 도약은 마음의 모든 욕망이 충족되는 길로 인도할 것이지만, 동시에 엄청난 용기도 요구한다.

당신을 묶어놓은 익숙한 신념들을 내려놓아야 한다. 세상이 작동하는 진짜 방식이 당신이 자라면서 믿어왔던 것과 다르다면, 많은 사람이 세상을 보는 방식과 근본적으로 다른 당신의 마음속 직관들이 진실이라면 어떻게 할 것인가?

대부분의 사람들이 공감하지 못할 새로운 이야기를 스스로에게 들려주는 것은 두려운 일이지만, 당신에게 안식처가 될 환경으로 둘러싸이기 위해서는 꼭 필요하다. 당신은 에너지의 세계에 살고 있다. 사물, 사람, 삶의 상황은 외부요인이 아니라 주파수에 의해 끌려온다. 당신의 세계는 자아가 의식적으로 깨달은 것보다 더 꿈과 유사하다. 당신만의 지상 낙원을 실현하기 위해 태어났다는 마음의 속삭임을 믿어야 한다.

자아가 정해놓은 방식에서 벗어날 때, 기적은 숨 쉬듯 자연스럽게 찾아온다. 모든 것은 감사에서 시작된다. 지금 사는 삶에 감사함으로써, 자석처럼 더 많은 기분 좋은 것들을 이끌어 낼 수 있다. 현재의 삶에 감사함으로써 스스로에게 자연스럽게 감사하게 되고, 이는 모든 좋은 것을 받을 가치가 스스로에게 있다고 믿는 자기 사랑의 상태로 당신을 이끈다.

항상 당신을 지지하는 보이지 않는 선한 힘을 믿어라. 이 믿음은 항상 당신에게 흐르는 사랑의 본능적 지성을 신뢰하고 따를 힘을 줄 것이다. 이 말들을 지적으로 이해하려는 필요를 내려놓고, 대신 마음에 풍요와 힘을 주는 효과를 느껴보아라.

양손을 가슴에 얹고, 꿈꾸는 삶의 느낌을 상상하며 모든 주의를 집중하라. 꿈꾸는 삶의 겉모습에 집착하지 말고, 미래의 삶이 가져다줄 것이라 기대되는 감정을 증폭시켜라. 마음이 원하는 감정을 내면화할 때, 당신은 그것들에 끌리게 된다.

원하는 것을 얻기 전까지 삶을 즐기는 것을 미루기보다는, 그 반대로 하는 것이 좋다. 이미 마음속으로 꿈꾸던 삶을 살고 있다고 상상하며 이 순간을 즐기면 된다. 그러다 보면 우주가 당신의 삶에 가져다줄 마법 같은 경험을 놀라운 기쁨과 기대감으로 지켜볼 수 있다.

32

당신이 꿈꾸는 삶은 이미 존재한다

당신이 기다려온 놀라운 미래는 이미 존재한다. 시간은 환상이며, 삶에서 나타나는 사람, 상황, 모든 것은 당신의 내면을 반영한다. 외부 세계가 변하기를 기다리며 행복을 찾지 말라. 내면의 상태를 변화시킨 후에야 외부 세계가 변하기 시작할 것이다.

많은 사람이 자신이 아직 가지지 못한 것을 미래에 받을 것이라 기대하며, 내면을 변화시키고 자신이 행복해지도록 허락하는 것을 미루고 있다. 지금과 같은 주파수에 머물러 있는 한, 당신의 삶에 나타나는 것들은 겉으로 어떤 형태를 띠든 지금과 같은 수준의 행복을 제공할 것이다.

내면의 상태를 변화시키면 꿈꾸는 삶을 창조할 수 있다. 원리는 간단하다. 왜냐하면 시간이라는 개념은 환상이기 때문이다. 미래와 상관없이 지금 바로 주파수를 꿈꾸는 삶의 에너지에 맞출 수 있다. 꿈을 이미 이루어낸 미래의 자아와 에너지를 일치시킴으로써 미래의 현실을 현재로 가져오는 것이다. 내면이 변하면 외부 세계의 형태들도 자연스럽게 당신이 원하는 모습으로 변화할 것임을 믿어라. 거울에 비친 모습처럼 말이다.

비결은 당신의 마음속으로 들어가, 미래에 꿈꾸는 삶이 줄 것이라고 기대하는 주파수를 지금 당장 느껴보는 데 있다. 이미 꿈꾸는 삶을 살고 있는 것처럼 행동하고 진정으로 느낄 수 있다면, 그것을 현재에 고정시킬 수 있다. 구체적인 사람, 삶의 상황, 그리고 원하는 것을 시각화하는 것이 도움이 된다. 그러나 중요한 것은 특정한 요소에 집착하여 우주가 그것을 줄 때까지 생각하는 것이 아니다.

현시란 내면의 상태를 원하는 감정의 주파수에 맞추는 과정이다. 진정한 행복과 사랑이 마음에 넘쳐흐른다면, 삶이 겉으로 어떤 모습이든 상관없다. 당신이 지금 어떤 조건들을 바라는 이유는 그것들이 결국 당신을 행복하게 만들 것이라고 믿기 때문이다.

우주는 당신의 자아가 무엇을 원하는지 확신하지 못할 때조차 당신이 무엇을 원하는지 알고 있다. 당신은 사회가 욕망을 가르쳐온 환경에서 자랐고, 이 조건화는 매우 강해서 자아는 많은 학습된 욕망이 마음으로부터 시작된 것이라 믿게 되었을 것이다.

영적인 깨달음은 모든 환상을 깨뜨리고, 당신의 마음속에 살아 있는 진실을 다이아몬드처럼 드러낼 것이다. 꿈꾸는 삶이 줄 것이라고 기대하는 감정을 지금 느끼는 데 집중하고, 삶이 겉으로 어떻게 보여야 하는지에 대한 자아의 집착을 내려놓아라.

당신의 내면에서 '이것이 이루어져야만 행복할 수 있다'고 믿는 자아의 집착을 놓아버리면, 이미 꿈꿔온 삶이 바로 여기에 있음을 깨닫게 된다.

당신은 부유해지도록 태어났다

세상에는 각 개인을 위한 무한한 부와 풍요가 준비되어 있다. 마음 깊이 원하는 꿈을 추구하면 당신이 삶 속에 끌어들일 수 있는 부의 크기에는 한계가 없다.

물처럼 돈 역시 이 지구상에서 순환하며 부족함이 없다. 돈이 희귀하고 얻기 힘든 자원이라는 오래된 믿음을 버려야 한다. 돈은 어디에나 있으며 쉽게 얻을 수 있다. 돈의 에너지는 마음의 꿈을 추구하는 사람에게 자석처럼 끌린다.

마음의 내적 지침을 따라 한 걸음 내디딜 때마다 더 많은 돈이 당신의 삶에 들어온다. 직관을 따를 때, 당신은 돈의 강이 모이는 바다와 같아진다. 부자가 되려 하기보다는, 마음이 가장 이끌리는 것을 찾아라. 신성한 영감을 따름으로써 당신은 저절로 엄청난 재정적 풍요의 길을 걷게 된다.

사회로부터 물려받은, 돈을 추구하는 것이 나쁘다는 죄책감을 내려놓아야 한다. 많은 사람이 부유한 사람들은 행복하지 않으며, 돈이 모든 악의 근원이라고 말할 것이다. 이는 그들이 돈에 대한 두려움을 당신에게 투영하는 것일 뿐이다.

돈을 많이 버는 것에 죄책감을 느낄 필요는 없다. 직관을 따르고 그 결과로 많은 돈을 이끌어낸다면, 그 돈은 다른 사람에게서 빼앗은 것이 아니기 때문이다. 세상에는 존재하는 부는 무한하다. 돈은 가치를 상징하는데, 당신이 자신의 독특한 재능을 세상에 나눌 때마다 새로운 가치가 창출되기 때문이다.

또한 돈이 당신을 나쁘게 만들 것이라는 두려움을 가질 필요도 없다. 돈은 그것을 소유한 사람의 인격을 효과적으로 드러내는 도구일 뿐이다. 많은 돈이 당신의 삶에 들어오기 전부터 올바른 가치관과 뜻을 가지고 산다면, 그 특성들은 돈이 들어오고 나서 더욱 강화된다.

당신은 태어나면서부터 자연스럽게 풍요로움을 누릴 권리가 있는 아름답고 사랑받을 만한 존재다. 당신이 단지 존재함으로써 세상에 엄청난 가치를 제공하는 사람임을 깨닫게 된다면, 삶에 들어오고자 하는 모든 돈을 기꺼이 받아들일 수 있다.

당신이 고통받을 때보다 발전할 때 모두에게 이롭다. 당신의 본질은 사랑이며, 부유해질수록 그 사랑은 더욱 빛나게 될 것이다. 부유해진다는 것은 당신이 갑자기 사랑하는 관계보다 피상적인 것에 우선순위를 두게 된다는 의미가 아니다. 오히려 돈은 소중한 관계를 잘 가꾸기 위한 시간과 에너지의 자유를 제공할 것이다.

부유해지는 것에 대한 두려움은 당신이 자란 환경과 사람들로부터 물려받은 것이다. 이제는 어린 시절 본래 알고 있던 지혜를 되찾을 때다. 삶은 당신이 창조할 수 있는 아름다운 공간이다.

삶에 더 많은 돈이 들어오면 매일 즐겁게 현재에 더 집중할 수 있다. 주변 사람들이 고통받고 있다고 해서 당신도 고통받아야 한다는 생각은 불필요하다.

직관을 따라 큰 부를 끌어들일 능력이 있다면, 주저하지 말고 그 길을 걸어라. 당신의 행복은 모두의 행복에 기여하며, 사람들로 하여금 그들이 갈망하는 독특한 재능을 표현하도록 영감을 줄 것이다.

직관을 따름으로써 부유해지는 것은 세상을

돕는 가장 좋은 방법이다. 여기서 부유하다는 것은 호화로운 자동차, 저택, 요트를 살 수 있는 억만장자를 뜻하지 않는다. 마음의 꿈을 실현하는 데 필요한 모든 돈을 끌어오는 능력을 말한다. 어떤 사람에게 그 돈은 수천만 달러고, 다른 어떤 사람에게는 필수적인 것들을 만족시키는 금액이면 충분하다.

가장 중요한 것은 지구에서 안전함과 편안함을 느끼는 것이다. 안전함을 느낄 때, 당신은 더 자유롭게 사랑하는 일을 할 수 있고, 다른 사람들에게도 영감을 줄 수 있다. 당신이 부유해질 때 모두가 함께 이득을 본다.

34

주변의 풍요로움에 감사하라

지금 당신의 곁에는 엄청난 풍요로움이 존재한다. 당신은 항상 당신을 지지하는 자비로운 우주에 깊이 안겨 사랑받고 있다. 이 순간 마음에 흐르는 모든 사랑을 느끼고 받아들이자. 당신은 세상에 더 많은 사랑을 가져다주는 선물 같은 존재다. 존재만으로도 모든 곳에 사랑을 전파하며 지구의 집단적 주파수를 높이는 빛나는 구(球)다.

당신은 이미 세상을 사랑으로 가득하게 만드

는 훌륭한 일을 하고 있다. 숨을 깊이 들이쉬고, 당신이 얼마나 아름다운 존재인지 깊이 느껴보자. 이제는 당신이 행복한 삶을 누릴 자격이 없다고 말하는 오래된 이야기와 의심을 놓아줄 때다. 과거에 대한 짐을 내려놓고, 마음이 항상 갈망해온 삶을 살아갈 때다.

돈을 좇는 일은 사람들이 이미 눈앞에 있는 풍요로운 삶을 감사히 여기지 못하게 만드는 핑계가 되기도 한다. 하지만 사랑하는 일을 하고 만족스러운 삶을 살아가기 위해서 많은 돈은 필요하지 않다. 돈은 필수적인 필요를 충족하기 위한 도구일 뿐이며, 그 이상은 행복을 스스로 가져다줄 수 없는 덤에 불과하다.

필수적인 필요를 충족할 만큼의 돈이 있다면, 자아가 더 많은 돈이 필요하다고 믿는다 해도 지금 바로 원했던 삶을 살아갈 수 있다. 삶에서 돈이 더 있어야만 완전해질 수 있다고 생각하며 지연시키고 있는 어떤 부분이 있는가? 이미 당신의 삶에 존재하는 멋진 것에 감사할 때, 당신을 기분 좋게 만드는 것들이 더 많이 끌어당겨질 것이다.

옮긴이 최수지

책 읽기와 글쓰기를 사랑하는 번역가. 대학에서 독어독문학을 전공했다. 진정한 나를 찾아가는 공부를 오랫동안 이어오고 있으며, 좋은 책을 번역하는 과정 자체를 자기 훈련의 하나라고 생각한다.

당신의 직관이 길을 안내한다

초판 1쇄 발행 2025년 12월 8일

지은이 에릭 존 캠벨
옮긴이 최수지

책임편집 이상화
마케팅 이주형
기획편집 이정아, 오민정, 윤지윤
제작 올북컴퍼니

펴낸이 이정아
펴낸곳 ㈜서삼독
출판신고 2023년 10월 25일 제 2023—000261호
이메일 info@seosamdok.kr

ⓒ Eric John Campbell
ISBN 979-11-93904-63-3 (03320)

- 이 책은 저작권법에 따라 보호받는 저작물이므로 무단전재와 무단복제를 금지하며, 이 책의 내용 전부 또는 일부를 이용하려면 반드시 저작권자와 출판사의 서면동의를 받아야 합니다.
- 잘못된 책은 구입하신 서점에서 바꿔드립니다.
- 책값은 뒤표지에 있습니다.

> 서삼독은 작가분들의 소중한 원고를 기다립니다. 주제, 분야에 제한 없이 문을 두드려주세요.
> info@seosamdok.kr로 보내주시면 성실히 검토한 후 연락드리겠습니다.